INFIDELIDAD

"Es un libro fascinante que ofrece una perspectiva cristiana real sobre cómo puede producirse el adulterio en cualquier matrimonio, sin importar cuáles sean las actuales circunstancias. La honestidad y transparencia que los Shriver comparten en esta historia ayudará a parejas a ver cómo Dios puede sanar matrimonios, incluso los que están al borde de la destrucción y en vías de divorcio."

Mitch Temple, director de matrimonios
de Enfoque a la Familia

"Práctico, penetrante y sanidad son las palabras para describir este recurso. Mezclando su aventura personal con pautas útiles para la recuperación, este libro puede ser una herramienta de recuperación para matrimonios rotos."

H. Norman Wright, autor,
terapeuta de dolor y traumas

"Usando su propia historia como un buen telón de fondo, Gary y Mona Shriver proporcionan a las parejas unas piedras de paso muy útiles para cruzar el torrente de dolor que se produce a causa de la infidelidad matrimonial. Las parejas encontrarán esperanza y ayuda en su sanidad al ser animados al ver que el matrimonio no sólo puede sobrevivir, sino prosperar tras una aventura amorosa."

Michael Sytsma, PhD, consejero nacionalmente
certificado y terapeuta del sexo, director de
Building Intimate Marriages, Inc.

"Con honestidad y claridad, los Shriver ofrecen esperanza y ayuda a las parejas heridas. Volver a amar es posible con la ayuda de los Shriver."

Bill y Pam Farrel, autores del éxito de librería *Los hombres son como waffles, las mujeres como espaguetis* y *The Marriage Code*.

"Gary y Mona entienden el proceso de recuperación de la infidelidad tan bien como cualquier otra persona que conozco. Esta edición actualizada de *Infidelidad* es un recurso realista, práctico y extremadamente útil para cualquiera que vaya por este viaje. Es uno de los primeros libros a recomendar a personas que están afrontando este asunto tan difícil."

Robert S. Paul, copresidente del Instituto Nacional del Matrimonio y coautor del éxito de librerías *El ADN de las relaciones*

"Este libro es increíblemente impactante. Gary y Mona desvelan sus pensamientos más íntimos sobre la crisis que afrontaron y cómo la procesaron para llegar a un punto de sanidad. Este libro es lectura obligatoria para todos los que sirven y ministran a individuos y parejas que están lidiando con la infidelidad, pero, sin duda alguna, causará un impacto también en todas las parejas mostrándoles lo importante que es guardar sus corazones y su matrimonio."

Eric y Jennifer García, fundadores de Association of Marriage and Family Ministries (AMFM)

"¡Gary y Mona son auténticos! Quitan el velo y comparten sus experiencias con transparencia y autenticidad. Cualquiera que trabaje con parejas con problemas tiene que leer este libro. Le dará un entendimiento increíble del corazón de aquellos a los que ministra; y si usted está lidiando con ello en su matrimonio, este libro le dará esperanza de que puede reconstruir su matrimonio."

Greg Braly, pastor de ministerios familiares en New Hope Church y director nacional de ministerios familiares de la iglesia Evangelical Free Church de América

"Como terapeuta en activo tratando la infidelidad, reconozco que *Infidelidad* es uno de los mejores recursos disponibles. Ambos cónyuges se sentirán entendidos e iluminados."

Rich Reynolds, LCSW, fundador de Affair Recovery Center y conferencista nacional

"¡Por fin! ¡Durante treinta años he estado buscando este libro! Aunque es una historia sobre la recuperación de una pareja del adulterio, es el mejor libro que conozco para prevenir una aventura amorosa."

Dave Carder, MFT, pastor de ministerios de consejería en la iglesia First Evangelical Free Church y autor de Torn Asunder y Close Calls

"Los Shriver comparten sus pensamientos, sus sentimientos y sus decisiones para que otros puedan tener una mapa de ruta a seguir hacia la recuperación."

Sherman R. Glenn, terapeuta licenciado en matrimonio y familia

infidelidad

infidelidad

Gary y Mona Shriver

CASA
CREACIÓN

La mayoría de los productos de Casa Creación están disponibles a un precio con descuento en cantidades de mayoreo para promociones de ventas, ofertas especiales, levantar fondos y atender necesidades educativas. Para más información, escriba a Casa Creación, 600 Rinehart Road, Lake Mary, Florida, 32746; o llame al teléfono (407) 333-7117 en Estados Unidos.

INFIDELIDAD por Gary y Mona Shriver
Publicado por Casa Creación
Una compañía de Charisma Media
600 Rinehart Road
Lake Mary, Florida 32746
www.casacreacion.com

Las citas de la Escritura marcadas (NVI) corresponden a la Santa Biblia, Nueva Versión Internacional © 1999 por la Sociedad Bíblica Internacional. Usada con permiso.

Este libro fue publicado originalmente en inglés con el título: *Unfaithful* © 2009 por Gary y Mona Shriver
David C. Cook, 4050 Lee Vance View, Colorado Springs, Colorado 80918 U.S.A.
All rights reserved.

Traducción y edición: Belmonte Traductores
Diseño de portada: Justin Evans

Library of Congress Control Number: 2009944033
ISBN: 978-1-61638-039-7

Impreso en los Estados Unidos de América
16 17 18 19 — 9 8 7 6 5

Contenido

Agradecimientos

Primero debemos reconocer a Dios, cuyo amor por nosotros es mayor que todo nuestro pecado; nuestro Señor que provee la esperanza y sanidad que tanto necesitamos los seres humanos. Que seamos sus buenos y fieles siervos.

A nuestro consejero y hermano, Sherman Glenn. Tu guía nos mantuvo en el camino hacia la sanidad. No sólo oíste nuestros llantos sino que también facilitaste la formación de un ministerio que nosotros mismos tan desesperadamente necesitábamos. Fue una lección de humildad para nosotros la confianza que depositaste en nosotros al permitirnos ponernos al lado de otras parejas.

A Mike y Jo, que caminaron con nosotros y son los cofundadores de Hope & Healing Ministries. Nunca hubiéramos escogido este camino para una amistad, pero su validación, disposición de corazón y ánimo ilustra de forma maravillosa Romanos 8:28. Nuestra oración es que los cuatro sigamos juntos en el ministerio durante muchos años más.

A nuestro equipo de oración. Ustedes son unos miembros fieles del cuerpo de Cristo. Algunos de ustedes nos sostuvieron en los primeros días de nuestra propia crisis, y algunos llegaron después según Dios fue guiando. No subestimamos su valor. Sólo Dios sabe el trabajo que ustedes han hecho por nosotros en lo personal y por el ministerio del que nos sentimos privilegiados de formar parte.

A las parejas que han participado con nosotros en nuestros grupos de apoyo de Hope & Healing. Su ánimo y fortaleza son dignos de admiración; ustedes no escogieron el camino fácil. Gracias por abrirse a nosotros y por las muchas lecciones que nos han enseñado.

A Mary McNeil, que se sentó en un banco con nosotros en Monte Hermón y creyó que valía la pena que otros oyeran nuestro mensaje. Creemos que Dios te escogió para ser su instrumento para hacer que este libro fuera sea una realidad, y cada lector será bendecido por las mejoras que hiciste a nuestro manuscrito. Los lectores nunca sabrán lo que hiciste, pero nosotros sí. Ha sido un privilegio.

Prólogo

En una época en que los escándalos matrimoniales resuenan en cada periódico y televisión, los cristianos guardan un silencio extrañable sobre sus escándalos.

En una época en que la vulnerabilidad es la marca de los tiempos, los cristianos no están dispuestos a ser vulnerables.

En una época en que el divorcio es la respuesta común al adulterio, los cristianos deben declarar: "¡Puede haber esperanza y sanidad!". En *Infidelidad*, Mona y Gary Shriver gritan: *"¡Hay esperanza! ¡La sanidad puede llegar a su matrimonio!"*.

Con una honestidad profunda y desgarradora, Mona y Gary abren la parte más dolorosa de sus vidas para usted: la parte etiquetada como traición. No se dan respuestas blandas. Dolor, sufrimiento, desesperación, enojo y agotamiento caminan a sus anchas por estas páginas. No se ofrecen respuestas simplistas. Mona y Gary nunca dicen que pasar por el horror del adulterio sea algo fácil. Lo que sí le ofrecen es el viaje de una pareja comenzando con la revelación de la traición a través de cada etapa de la sanidad. Descubrirá cómo Mona y Gary encontraron fuerzas para soportar el dolor, cómo aprendieron a reconocer honestamente sus pérdidas, lucharon con el perdón y, finalmente, edificaron vallados de protección alrededor de su renovada relación.

Si usted está caminando por el dolor de una infidelidad, compre este libro. Si un amigo está en la agonía de una traición, regálele este libro. Le prometemos que será levantado en las alas de la esperanza hacia el Sanador y recibirá ayuda práctica que puede aportarle sanidad. ¡Recomendamos encarecidamente este libro!

Dr. Joseph y Linda Dillow
Dr. Peter y Lorraine Pintus
Autores de Temas de intimidad *e* Intimacy Ignited

Prefacio a la revisión

Cuando se publicó *Infidelidad* por primera vez, los dos pensamos que estábamos siguiendo a Dios dando pasitos de bebé. No teníamos ni idea de cuál era su plan o de cómo el libro podría desempeñar un papel en cuanto a sanar a una pareja que estuviera lidiando con la infidelidad. Lo que sí creíamos era que había personas ahí fuera luchando y buscando esperanza al intentar caminar por un sendero desconocido hacia la sanidad de su matrimonio. Esta creencia había sido confirmada por algunas parejas con las que hemos tenido el privilegio de estar durante ocho años a través del ministerio de apoyo que cofundamos, Hope & Healing (Esperanza y Sanidad). Cada decisión que tomaba Hope & Healing estaba precedida por esta pregunta: "¿Cómo ayuda esto a las parejas?". En el caso del primer lanzamiento de *Infidelidad*, puso a disposición de más parejas nuestra historia de esperanza, y algunas herramientas prácticas. La decisión de revisar también fue sometida a esta misma pregunta.

Pensamos en aquellos que se habían puesto en contacto con nosotros tras leer el libro. Maridos y esposas nos decían que Dios estaba usando *Infidelidad* para llevar una sensación de esperanza a su mundo, el cual había dado vueltas hasta quedar fuera de todo control. Multitudes de correos electrónicos de todo EE.UU. y otros países validaban cada año que *Infidelidad* es una herramienta que Dios usa para animar a los que transitan por este difícil camino.

El punto es que sabemos que usted está buscando recursos y esperanza; y en los últimos años, hemos aprendido más sobre este proceso de recuperación a través de conferencias y personas que trabajan con parejas en un nivel profesional. Hemos crecido, y pensamos que tenemos más que compartirle y también podría usarse para ayudarle en su proceso de recuperación.

Como ministerio sin fines de lucro, nuestro equipo busca proporcionar los mejores recursos a aquellos que están en el proceso de recuperación. Nuestro objetivo es extender el alcance de nuestro ministerio de apoyo entre iguales. Dios sigue llevando parejas heridas y posibles facilitadores a nuestros grupos. También tenemos peticiones de grupos o parejas de apoyo en otras áreas geográficas. Hope & Healing se reproduce solo, así que añadir más información de utilidad a *Infidelidad* beneficia a dicha reproducción.

El tercer factor en nuestra decisión es más personal. Cuando *Infidelidad* se publicó por primera vez, estábamos incómodos con la posible exposición de nuestra vida privada. Ninguno de nosotros quería enfocarse en el peor periodo de nuestras vidas; sin embargo, creemos que Dios nos llamó a ser la "cara" de este ministerio, y hemos sido obedientes. Ya no nos da miedo la exposición.

Estamos completamente dispuestos a ir donde Dios nos lleve y a servirle abierta y orgullosamente en este ministerio.

Dios no hace nada que no tenga un propósito. Él no desperdicia nada.

Tal como lo he planeado, se cumplirá; tal como lo he decidido, se realizará.

—Isaías 14:24

Dios no planeó el adulterio, pero sí creemos que Él planeó cómo lo usaría para beneficiar a su reino. Seguiremos su guía.

Gary y Mona Shriver

1

Revelación

LA HISTORIA DE GARY

Debían de ser alrededor de las 9:30 de la noche cuando llegué a casa. Todo parecía oscuro y preparado para la noche. Al detener mi auto, el corazón me latía como nunca antes. Por un momento me pregunté si estaría sufriendo un infarto. Respiré hondo, salí del auto y me dirigí a la puerta de atrás. Entré y caminé por el porche trasero. La casa estaba en silencio. Los tres niños estaban acostados, y la única luz que se veía era la de nuestro dormitorio al final del pasillo.

Nuestro dormitorio. Me preguntaba si lo seguiría siendo después de la bomba que yo estaba a punto de lanzar. Me detuve y me pregunté: *¿Realmente debo seguir adelante con esto?* Esto podría ser el final de mi vida tal como es ahora: mi familia, mi iglesia, mi empresa, mis amigos. Ningún área de mi vida quedará sin afectar por el evento que está a punto de ocurrir. *¿Realmente debo contárselo o seguir viviendo la mentira?*

No, no podía seguir mintiéndole. Había pasado las dos
últimas horas en la oficina del pastor confesando mi pecado. Confesé la doble vida que había estado viviendo durante
los últimos años. No podía creer su primera respuesta. "¿Es
en serio?", me preguntó. "Nunca sé cuándo estás en broma
y cuando no. ¿Es en serio?". Yo estaba sentado en su oficina con lágrimas en mi rostro, y él me preguntaba si era en
serio.

Él tampoco quería que eso fuese cierto.

Yo simplemente asentí, y él empezó a asimilarlo. Hablamos y oramos, y él seguía mirándome. Yo sabía lo que estaba
pasando por su mente. Estaba diciendo grandes palabras de
sabiduría espiritual y ofreciéndome ánimo, pero tras sus palabras, el asombro y la incredulidad eran obvios. Hizo mención
a líderes espirituales que habían caído. Dijo: "Esto está ocurriendo por todo nuestro alrededor".

En ese momento, yo sólo podía pensar: *Eso no hace que esto
sea menos malo*. Sabía que él estaba intentando animarme y
consolarme en mi momento más oscuro, pero la oscuridad
que me envolvía era más profunda. Él y yo sabíamos que
las cosas no estaban bien y que no se iban a arreglar tan
fácilmente.

Me preguntó si Mona lo sabía. Le dije que no con la cabeza. Me miró directamente a los ojos y me preguntó:

—¿Tienes la intención de decírselo?

Yo asentí.

—¿Cuándo?

—Ahora mismo—dije—.Tengo que ir ahora mismo.

Me había costado muchísimo ir a ver al pastor y confesarle
mi oscuro y horrible comportamiento. Tenía que terminar
del todo mi confesión, y tenía que hacerlo en ese momento. De camino a casa pensaba en otros hombres que conocía

que habían cometido adulterio y que no le habían dicho nada a sus esposas. Parecía que les había ido bien, pero un versículo de la Biblia seguía resonando en mis oídos: "Y pueden estar seguros de que no escaparán de su pecado" (Números 32:23).

Y eso había pasado. Por la tarde, el ingeniero del estudio de grabación de mi empresa de producción me había confrontado con este "problema", que él pensaba que yo tenía. Llegó citando Mateo 18:15-17, diciendo que si yo no lo aclaraba, iría a mi pastor a hablarle de la aventura amorosa que pensaba que yo estaba teniendo.

Una aventura amorosa. Qué palabra tan superficial. Parece tan aceptable y aplaudida. Llamémoslo por lo que realmente es: *adulterio.* Corazón ennegrecido, sin ninguna preocupación, totalmente egocéntrico, la total representación del egoísmo. El adulterio. Yo era un adúltero. Finalmente, tras años de luchar con Él, Dios me había llevado a un punto de quebrantamiento. Sencillamente no podía seguir así, tenía que decírselo a Mona. La única forma en que tendría la más mínima esperanza de salvar mi matrimonio era siendo totalmente honesto. Dios me estaba reprendiendo, ¡y yo tenía que poner fin a esa situación ya!

Entré en la habitación. La lámpara de su mesa estaba encendida. Ahí estaba ella, recostada en su almohada doblada contra la pared, leyendo. Me miró y me dijo:

—¿Cómo te ha ido la reunión?

En ese momento nuestros ojos entraron en contacto.

—¿Cariño? ¿Qué sucede?

Yo no había ensayado nada, no sabía qué decir. Me senté en la cama a su lado y la miré a los ojos.

—Me estás asustando—dijo.

Yo comencé a llorar.

—Ahora me estás asustando de verdad.

—Te he traicionado—susurré.

Sus ojos se pusieron vidriosos. Parecía que me atravesaba con su mirada. —¿Qué?

—Te he sido infiel—repetí.

Ella se quedó sin fuerzas. Pensé, por un segundo, que se iba a morir. Su mirada pasó de ser distante a ser directa y fría.

—¿Quién?—me preguntó.

Le dije el nombre.

—Lo sabía—dijo.

Pero yo sabía que no lo había sabido. Intenté abrazarla, y ella empezó a abrazarme, pero luego me apartó. Se encerró en un caparazón.

—¿Cuánto tiempo?—me preguntó.

Yo susurré:

—Hace mucho tiempo.

—¿Cuánto tiempo?

—Un par de años.

—¿Años? ¿Desde que comenzaste a trabajar con ella?

—Casi.

Sus labios empezaron a temblar.

A medida que su mundo se derrumbaba a su alrededor, mi corazón volvió a acelerarse. Esta vez podía sentirlo en mis sienes. ¿Cómo podría decirle más? *¿Cómo puedo, Señor? No puedo contarle todo.* Pero Dios era insistente: *¡díselo!*

No puedo Señor ¡No puedo!

¡Díselo ahora! Me seguía diciendo Dios.

Tenía que contárselo todo. Dios puso en mi corazón que si nuestro matrimonio tenía una oportunidad de salvarse, tenía que ser con un borrón y cuenta nueva. No más mentiras. No más secretos. Tenía que contarle todo.

—Hay más.

—¿Más? ¿Qué significa más?

—Pasé una sola noche con otra mujer.

Sinceramente pensé que se iba a morir en ese momento. Sus ojos casi se pusieron en blanco, y luego las cosas fueron espeluznantes.

Supe en ese momento que nuestras vidas habían cambiado para siempre, y no sabía qué esperar después de mi horrible revelación. Después de sentarnos, lo que me pareció ser una eternidad, su mirada en blanco de repente se enfocó, y comenzó el aluvión de preguntas.

—¿La amas?

—No, te amo a ti.

—¿Quieres el divorcio?

—No, quiero seguir contigo. ¿Quieres tú el divorcio?

—Yo no sé lo que quiero. ¿Por qué has hecho esto?

No sabía cómo responder a esa pregunta. No sabía cómo había llegado a donde estaba. Le expliqué que yo no lo había buscado. Le dije que fue una amistad que se descontroló, y que me había sentido atrapado. Nunca había dejado de amar a Mona.

La mirada en blanco volvió. Seguí intentando explicarle, pero ella no quería (o no podía) seguir oyendo más. Tras un rato comenzó a preguntarme por la segunda mujer.

—Fue algo de una noche. Honestamente, se me lanzó. Se propuso en su mente tenerme, se lo propuso y estaba decidida a hacerlo.

¿Qué estaba yo diciendo? Era toda la verdad, ¿pero qué estaba yo intentando hacer aquí? ¿Justificar mi adulterio? ¡Mi *segundo* caso de adulterio!

Cerré mi boca y comencé a llorar de nuevo. No sabía qué hacer. Ella ya no quería seguir hablando de ello. No quería nada de mí, y yo me moría por dentro. Necesitaba saber lo que ella pensaba, pero ella estaba conmocionada. ¿Estaría pensando dejarme? ¿Iba a pedirme que me fuera? ¿Qué pasaría por su mente?

Parecía que no había nada más que decir. Le ofrecí dormir en el sofá, pero denegó mi oferta. Me explicó que *si* íbamos a intentar arreglar esto, no le veía sentido a que yo durmiera en el sofá.

Si. Una palabra tan pequeña que sostiene todo el futuro de una persona.

Todo estaba tranquilo y en silencio, pero yo sabía que la explosión aún estaba por llegar. Ella se quedó mirando fijamente al techo. Yo estaba ahí tumbado, sabiendo que su mente era un remolino. Estaba seguro de que sus pensamientos estaban rebotando de una situación horrible a otra, y lo único que yo podía hacer era estar tumbado a su lado y mirar cómo se resquebrajaban todos sus cimientos hasta derrumbarse. De vez en cuando oía un sollozo escaparse de su garganta.

Dios mío, ¿qué he hecho? En cuestión de segundos, había desgarrado el corazón de la mujer a la que amaba, la amada de mi juventud. ¿Me perdonaría algún día? ¿Sería capaz de perdonarme? Yo no tenía ni idea de cuánto dolor le estaría causando esto. Si consiguiéramos salir de aquello, una cosa era cierta: nunca volveríamos a ser los mismos.

Por favor Dios, perdóname.

Mona, si puedes encontrarlo en tu corazón, por favor intenta perdonarme.

LA HISTORIA DE MONA

No recuerdo el libro que estaba leyendo, pero sí recuerdo que nunca lo terminé. Lo tiré, ya que siempre me recordaría aquella noche.

Escuché abrirse la puerta de atrás y pensé: *Gary llega a casa un poco antes de lo habitual; debe de haber tenido una reunión corta.*

Le oí caminar por el pasillo. Abrió la puerta del dormitorio y se quedó ahí de pie, mirándome.

Le dije algo como: "¿Cómo te ha ido la reunión?". Me quedé mirando mientras mi marido desde hacía más de diecinueve años comenzaba a desmoronarse. Su cuerpo se encogía como si estuviera bajo un gran peso.

Sus ojos se llenaron de lágrimas y dijo: "Tenemos que hablar".

Yo sabía que algo iba terriblemente mal, y recuerdo que pensé que alguien se habría muerto. *Me pregunto si será nuestro pastor. Debe de haber pasado algo horrible en la reunión de la iglesia.* La compasión desbordó mi corazón, y extendí mis brazos, invitándole.

—Cariño, ¿qué ocurre?

Él vino a la cama, se sentó a mi lado, y me dejó abrazarle mientras los sollozos sacudían su cuerpo. Nunca le había visto así. Entre lágrimas escuché:

—Te he traicionado.

Sentí que mi cuerpo se agarrotaba. Había ocurrido una tragedia, y no había sido a otra persona, sino a mí. Mi mente se resistía a procesar sus palabras.

—¿Qué?

—He estado teniendo una aventura amorosa.

Estas palabras penetraron, y sentí que brotaban mis propias lágrimas. Escuché la palabra salir de mi boca antes de ni tan siquiera pensar en ella:

—¿Quién?

¿Por qué no me sorprendió cuando dijo su nombre?

Recuerdo, incluso, en ese momento que sabía que sólo había una posibilidad real. También recuerdo que otros nombres pasaban por mi cabeza, casi esperando que en su lugar dijera alguno de esos. Yo nunca lo había sospechado. Confiaba en ambos implícitamente. Él era mi marido, a quien amaba y quien pensaba que me amaba. Ella era su compañera de trabajo, miembro de nuestra iglesia, y la mujer a quien yo había considerado mi mejor amiga cristiana durante los últimos tres o cuatro años.

—¿Cuánto tiempo?—pregunté.

—Algún tiempo—masculló él.

Comencé a sentir la primera oleada de ira.

—¿Cuánto tiempo?

—Un par de años quizá.

No sólo una vez o dos. ¡No unas pocas semanas o incluso unos pocos meses! ¿Acaso era yo una completa idiota? ¿Cómo ha podido algo como esto durar tanto tiempo y yo sin enterarme? ¡Debieron de pensar que era estúpida! ¿Cuántas veces se habrían reído de mi ingenuidad?

Le aparté de mí, siendo incapaz de tocarle, incapaz de hacer otra cosa que respirar.

Después oí estas palabras:

—Hay más.

¿Más? ¿Más que la destrucción de mi vida, mi familia, mi iglesia, mi hogar? *¿Más?*

—También pasé una noche con otra mujer.

Después la nombró, una madre soltera de veinte años y no cristiana con la que habíamos tenido tratos de negocios.

—Se presentó una noche sin que la hubiera invitado cuando tú no estabas.

¿Aquí? ¿En mi casa? Nada era sagrado. Cada aspecto de mi vida estaba implicado. Mi casa. La iglesia donde siempre me sentaba con mi mejor amiga. La empresa de producción de

Gary donde yo trabajaba a media jornada. Incluso el hospital donde trabajaba como enfermera estaba lleno de gente que de alguna manera pertenecía a esos aspectos de mi vida.

Sentí nauseas. Repulsión. Eso era algo horrible que los hombres hacían, ¡pero no Gary! No el hombre que del que yo siempre bromeaba diciendo que tendría que pillarle en la cama desnudo para creer que me sería infiel. El hombre que no sabía mentir por nada.

Gary no era el hombre que yo había pensado que era, pero ya no estaba segura de quién era yo tampoco. Por cierto, ¿quiénes éramos como pareja? ¿Éramos una pareja?

Le miré y me quedé helada. Ese era el hombre con el que llevaba casada casi veinte años. Había sido mi amante, mi mejor amigo y mi confidente. Mi familia le amaba porque era maravilloso. Todas mis amigas pensaban que él era maravilloso, pues lavaba los platos, la ropa y cambiaba pañales. Yo había perdido la cuenta de cuántas veces me habían dicho lo afortunada que era.

Mi cuerpo estaba dormido, acartonado, desbordado. El peso con el que Gary había entrado en la habitación ahora lo estábamos compartiendo.

—¿La amas?

—No.

—¿Quieres el divorcio?

—No.

—¿Lo sabe su marido?

—Creo que ella está esperando a ver si realmente te lo decía yo primero.

—Tienes que dejarla.

—Lo sé.

Los detalles de nuestra conversación se enturbian retrospectivamente. Me dijo que había ido a la iglesia a confesarle todo a nuestro pastor. El pastor había llamado a otro pastor, habían orado y luego enviaron a Gary a casa a contármelo.

Me dijo que el ingeniero del estudio de grabación le había confrontado ese día. Había sospechado lo que ocurría y había ido a su pastor, quien le aconsejó que confrontara a Gary. ¡Qué fortaleza habría sido necesaria para un hombre tan joven como él!

Gary dijo que Dios le había estado preparando para esta revelación desde hacía mucho tiempo. Los Cumplidores de Promesas, las reuniones, los sermones, su conciencia. Se había sentido atrapado en la relación con su compañera de trabajo durante bastante tiempo. Si rompía, conocía las ramificaciones y la posibilidad de perder a su familia, su empresa y su iglesia. Habían roto muchas veces en el pasado, pero de alguna manera volvían a estar juntos. No se acordaba de cuándo empezó, pero la última vez que estuvieron juntos había sido tres días antes. Recuerdo intentar localizarle ese día. Se habían ido de la ciudad para visitar a un cliente, y me preguntaba por qué regresaban tan tarde.

Mientras intentaba precisar el periodo de la aventura, me quedó claro que habían sido cerca de tres años. Comenzó poco después de que ella empezara a trabajar con nosotros. Su matrimonio había estado atravesando problemas durante mucho tiempo. Ella y yo habíamos hablado de ello a menudo. Me sentí como una tonta. Gary y yo incluso habíamos hablado de su vulnerabilidad y de lo atractiva que era antes de que ellos comenzaran a trabajar juntos. Yo sabía que ella envidiaba nuestra relación, pero no me había dado cuenta de que a quien deseaba era al mismo Gary. Ella, según resultó, sabía mejor que yo cómo era mi propio matrimonio.

Esa noche mi vida adoptó un nuevo calendario: antes de la aventura, durante la aventura y después de la aventura.

Todo lo ocurrido durante ese tiempo ahora estaba estropeado y distorsionado: nuestro viaje familiar a Disneylandia, Gary y yo en Hawai. Recordaba pedacitos de conversaciones tanto con Gary como con mi amiga, y de repente, veía y oía cosas completamente diferentes.

Esa noche me preguntó si yo trabajaría para él la jornada completa en nuestra empresa de producción y reconstruiríamos nuestras vidas y la empresa. Yo estaba furiosa. ¡Cómo se atreve! Le dije que no iba a destruir más de mí de lo que ya había destrozado. Yo era enfermera, una buena enfermera, y no podía perder eso también.

Me preguntó si quería el divorcio, y dije que no. ¿En qué beneficiaría eso a nuestros hijos? ¿Adónde iría yo? ¿Qué haría?

Hablamos sobre consejería. ¿Con qué fin? Yo estaba tan desbordada que, incluso, la consejería carecía de sentido para mí. Quería que aquello nunca hubiera ocurrido, y un consejero no podría darme eso.

Gary me habló de la noche en que la jovencita había llegado y le había seducido. Dijo que fue muy intencional por parte de ella, y yo dije que eso no le disculpaba. Él lo sabía. La historia de esa noche sonaba como una película despreciable.

Pronto pareció que ya no quedaba nada de qué hablar. O quizá sencillamente éramos incapaces de hablar más. Gary me aseguró que me amaba y que deseaba que nada de eso hubiera ocurrido. Me pidió perdón y me dijo que haría cualquier cosa que le pidiera. Yo sabía que el adulterio tenía bases bíblicas para el divorcio, pero no sabía si eso seguía en vigor cuando el ofensor se arrepiente y pide perdón.

Mi mente, alma y cuerpo estaban agotados por los eventos de la noche. Sabía que quería seguir a Dios en esto, sin importar a dónde me guiara. Sabía que necesitaba una buena amiga, y de nuevo sentí el dolor de la pérdida. ¿A quién llamaría ahora que mis dos mejores amigos me habían traicionado?

Cuando nos fuimos a la cama, Gary me preguntó si quería que durmiera en otro lado. Le dije que no. Pensé que había estado en mi cama durante los últimos tres años, así que, ¿cuál sería la diferencia ahora?

Y así me puse en el borde de mi cama y escuché a mi marido caer en un profundo y reparador sueño. El sueño me evadió a mí. Pasé la mayoría de lo que quedaba de noche llorando en el cuarto familiar.

El peso de Gary se había empezado a ir. El mío había comenzado a presionarme muy fuertemente.

LA HISTORIA DE LA REVELACIÓN

Esa noche ocurrió en 1993. Ahora podemos decir con total sinceridad que hemos sido sanados totalmente del adulterio. Nuestro matrimonio es fuerte y mutuamente satisfactorio. Tenemos amor y confianza.

Sin embargo, rehusamos decir que nuestro matrimonio es mejor. Habíamos oído decir "ahora su matrimonio es mejor" en referencia a otras parejas que habían pasado por serios problemas, y sólo nos provocaba más dolor. Pensábamos que nuestro matrimonio era bueno antes del adulterio. Nos amábamos, y éramos muy buenos amigos. Ciertamente teníamos problemas, como ocurre en todas las parejas, pero nuestro matrimonio antes del adulterio tenía valor y era bueno. Lo que nos pasó, le pasó a un buen matrimonio. A la mayoría de las personas les cuesta creerlo porque, si lo hacen, eso convierte a todos los matrimonios en vulnerables, incluyendo el suyo propio. Ciertamente, hay veces en que los porqué y los por tanto están claros, pero a menudo, no podemos encontrar todas las respuestas que buscamos. Así que, en cambio, decimos que somos más sabios de lo que éramos entonces. Ahora tomamos mejores decisiones, y ya no creemos que somos invulnerables a los ataques. Nuestro matrimonio es mejor sólo porque las dos personas que lo componen ahora son mejores personas.

❤

Si ha elegido este libro, probablemente esté pasando, o conoce a alguien que está pasando, por las secuelas de descubrir el adulterio de un cónyuge. Nuestro corazón se rompe por usted, y queremos que sepa que hay esperanza. Los matrimonios se pueden sanar. Lo sabemos porque el nuestro lo hizo. Lo sabemos porque hemos sido capaces de ayudar a otras parejas que están afrontando esta angustia. También sabemos que será una de las cosas más difíciles por las que usted podrá pasar. Creemos que hubiera sido mucho más fácil para nosotros *en ese momento* separarnos, y no nos hubiéramos condenado por ello. Lo mismo ocurre con muchos otros.

Sabemos que estas palabras parecen difíciles de creer. Cuando uno pasa por esta crisis, siente como si el peso del mundo le estuviera aprisionando. Después, los fieros dardos del infierno llegan cada vez más deprisa y su escudo de la fe parece aportarle poca protección. Está luchando por su matrimonio con todas sus fuerzas hasta que comienza a tener miedo de perder la batalla. Ahí es donde Satanás le quiere, y será fiel en mantener los fogones al máximo. ¿Por qué? Lo único que quiere es ver cómo fracasa su matrimonio. Quiere que usted pase a engordar las estadísticas, así que debemos repetirnos: ¡No te des por vencido! ¡Lo puedes lograr!

¿Cómo? Queremos compartir con usted lo que marcó la diferencia. Ya éramos cristianos cuando ocurrió el adulterio.

Aún somos cristianos. Lo que compartiremos con usted es, definitivamente, desde una perspectiva cristiana, pero también desde una perspectiva práctica y de la vida real.

¿Es nuestro matrimonio perfecto ahora? No. Aún tenemos problemas, y hemos aprendido que algunos estarán ahí hasta que lleguemos al cielo. Quizá hemos aprendido a afrontar nuestras batallas con más gracia y sabiduría. También hemos aprendido que algunas batallas fueron debidas a nuestros propios deseos egoístas y estaban muy lejos de la relación matrimonial.

No somos, ni queremos aparentar ser, expertos en nada. No tenemos un trasfondo educativo o profesional que nos respalde. Esas personas están ahí disponibles, y sus recursos también, para usted, y también los necesitará. Pero si busca dos creyentes comunes y corrientes que compartan su extraordinaria experiencia, aquí estamos. No tomamos esta tarea a la ligera; para nosotros esto no es divertido. En las primeras etapas de escribir este libro, nuestras emociones a menudo nos desbordaban, y había veces en que nos íbamos de nuestra oficina sollozando. Veíamos que llorábamos por cosas por las que no habíamos llorado durante años. Sin embargo, nuestro Dios es un Dios grande y misericordioso con su pueblo. Con el tiempo, sentimos que tan sólo estábamos observando una triste historia, en lugar de revivir el doloroso pasado.

SÁQUELE EL MÁXIMO PARTIDO
AL RESTO DE ESTE LIBRO

Terminología

Antes de comenzar a compartir con usted nuestra propia historia y proceso de sanidad, tenemos que establecer un lenguaje común. Muchos tienen diferentes formas de identificar

SÁQUELE EL MÁXIMO PARTIDO
AL RESTO DE ESTE LIBRO

Terminología

Antes de comenzar a compartir con usted nuestra propia historia y proceso de sanidad, tenemos que establecer un lenguaje común. Muchos tienen diferentes formas de identificar a la gente y los momentos del tiempo cuando hablan sobre adulterio. Algunos son términos que no nos permitirían imprimir aquí. Así que, para ponernos de acuerdo, definiremos algunos términos y le daremos información que pueda ayudarle a caminar por su recuperación. Nada acerca de la recuperación de una infidelidad es simple o se puede explicar fácilmente, pero definitivamente hay áreas donde, si ambos tienen el mismo entendimiento, pueden evitar algunos peligros comunes.

Primero, la terminología para el reparto de personajes lo hemos tomado prestado del práctico libro *Torn Asunder: Recovering from an Extramarital Affair* por Dave Carder:

> *Infiel: el que se aleja y se implica en una relación ilícita (simplemente significa infiel).*
> *Cónyuge: el que está casado con el infiel.*
> *Compañero: la persona con la que se relacionó el infiel.*[1]

Un término que usamos a menudo es *revelación*. Se refiere al evento en el que el infiel admite ante el cónyuge que se ha producido una relación ilícita. A veces, la palabra es plural, *revelaciones*, porque la historia completa necesita más de una admisión, según se van revelando partes con el tiempo. Se usa *revelación* a lo largo del libro como un punto de referencia.

nos dio un clásico ejemplo de lo que constituía "sexo" cuando negó haber practicado sexo con otra mujer; sin embargo, más adelante admitió haber mantenido intimidad sexual con esa mujer. Nos podemos imaginar las conversaciones privadas que mantuvo con su mujer cuando fue revelada la verdad.

Hemos oído a algunos infieles negar el adulterio, porque no realizaron el acto sexual aunque admitieron que hubo contacto sexual. Admiten que lo que hicieron estuvo mal pero no lo llaman adulterio.

De hecho, la definición que da el diccionario de la palabra adulterio dice lo siguiente: "Relación sexual voluntaria entre una persona casada y un compañero diferente al legítimo cónyuge".[2] *Infidelidad* se define como la falta de lealtad al cónyuge de uno.[3] Según la definición de *adulterio*, el presidente Clinton tenía razón. Según la definición de *infidelidad*, varias cosas podrían entrar en esta categoría (cualquier cosa que un cónyuge considere como algo desleal). Mirar exclusivamente a cualquiera de las definiciones del diccionario hace que uno vaya a extremos opuestos en el espectro de posibilidades.

Aunque el diccionario pueda no estar de acuerdo, *para nuestros propósitos adulterio e infidelidad serán términos equivalentes*. La verdad es que no hay una definición clara y concisa de infidelidad o adulterio con la que todos estén de acuerdo.

Nosotros definiremos adulterio como *infidelidad al juramento del pacto (por ejemplo, matrimonio) que usted hizo con su cónyuge*. El juramento es la promesa que nos hacemos el uno al otro cuando estamos ante Dios y la otra persona con la que nos casamos legalmente. Prometemos (juramos) amar, honrar y conservar a la persona con la que nos casamos. Le prometemos a esa persona que ahora es la persona número uno en nuestra vida, aunque nuestra salud, y riqueza, y otras circunstancias cambien.

También juramos olvidarnos de todas las demás personas, lo cual significa que hemos reservado el espacio de intimidad de la relación matrimonial *exclusivamente* para la persona con la que nos casamos. Cada vez que ponemos a otra persona en ese espacio relacional prometido a nuestra pareja, ya sea sexual, emocional o ambos, hemos cometido adulterio. Hemos violado la intimidad del matrimonio, hemos roto nuestra promesa, y hemos tenido una relación ilícita.

Nos encanta la descripción que da la Dra. Shirley Glass en *Not "Just Friends"*:

> En una relación de compromiso (matrimonio), una pareja construye una pared que sirve de escudo ante las fuerzas externas que tienen la capacidad de separarlos. Miran al mundo fuera de su relación a través de una ventana compartida de apertura y honestidad. La pareja es una unidad, y tienen un frente unido para tratar con los hijos, suegros y amigos. Una aventura amorosa erosiona el sistema de seguridad que cuidadosamente han construido. Levanta una *pared secreta* interior entre las partes del matrimonio, abriendo al mismo tiempo una *ventana de intimidad* entre las partes de la aventura amorosa. La pareja ya no es una unidad. El compañero de la aventura amorosa está dentro, y el compañero matrimonial está fuera.[4]

Y aquí está la verdadera prueba ácida. Es simple, fácil y tiene pocas palabras: *Pregúntele a su cónyuge*. Explíquele todo acerca de su otra relación. Sea cien por cien honesto sobre cada detalle, pensamiento y toque. Luego pregúntele a su cónyuge, y le dirá si encaja o no en la definición de adulterio en un abrir y cerrar de ojos.

Margen de tiempo de los capítulos

Lo que estamos compartiendo con usted no es cronológico. Para ser honestos, la sanidad no es así de ordenada, y a menudo, muchos de nosotros vagamos por estas áreas durante el proceso de recuperación. Así que, en cambio, hemos escogido compartir con usted las cosas por temas: esas áreas que necesitamos explorar y con las que hemos de tratar según vamos sanando. Esperamos que todos ustedes traten con cada una de las áreas principales, pero la verdad es que ninguno de ustedes lo hará al mismo tiempo. *Cuándo* se encuentre con cada área principal estará determinado por quién es usted, con qué tipo de aventura amorosa está lidiando, y con el viaje en que nuestro Señor le ha puesto.

Sin embargo, sí creemos que las dos primeras áreas principales, compromiso y fe, son fundamentales. Así que si necesita acampar en ellas durante un tiempo, está bien. Estas dos áreas le darán una base segura por la que tendrá que caminar durante el resto.

Sólo podemos narrar nuestra experiencia y destellos de otras que hemos conocido. La suya será totalmente diferente, pero estamos seguros de que usted, como las parejas de nuestros grupos, encontrará algún valor al compartirlo. Busque más consejos y pídale a Dios mismo que le ayude a filtrar y aplicar lo que está bien para su situación.

Cuando estábamos en lo más hondo del pozo de nuestra crisis, queríamos sentarnos con otra pareja cuyo matrimonio hubiera sobrevivido a este horror y que ahora tuviera un matrimonio que ambos cuidaran. Alguien que pudiera mirarnos a los ojos y decirnos que podríamos lograrlo porque ellos lo hicieron. Alguien que pudiera ayudarnos a entender que no estábamos locos, sino que estábamos experimentando una crisis horrenda: validando lo que era normal de la anormal situación en la que nos encontrábamos. Eso es lo que nosotros le ofreceremos.

♥

Ahora, venga con nosotros y le llevaremos por imágenes de nuestro viaje de sanidad. Le daremos algunas ideas y sugerencias concretas de cómo pueden ser algunas de estas cosas de las que le hemos hablado. Oramos para que vea usted verdad, realidad y esperanza, y que Dios use lo que compartimos para ayudarle en su viaje.

Hemos visto al Señor hacer cosas maravillosas, y oramos para que haga esas mismas cosas maravillosas con usted.

> *Alabado sea el Dios y Padre de nuestro Señor Jesucristo, Padre misericordioso y Dios de toda consolación, quien nos consuela en todas nuestras tribulaciones para que con el mismo consuelo que de Dios hemos recibido, también nosotros podamos consolar a todos los que sufren. Pues así como participamos abundantemente en los sufrimientos de Cristo, así también por medio de él tenemos abundante consuelo.*
>
> *—2 Corintios 1:3-5*

2

Compromiso

Encomienda al Señor tu camino; confía en él,
y él actuará. Hará que tu justicia resplandezca como
el alba; tu justa causa, como el sol de mediodía.
Salmo 37:5-6

LA HISTORIA DE MONA
(Menos de seis meses después de la revelación)

Por favor, Dios, permíteme tener un matrimonio feliz. Esta era mi oración desde que era pequeña. Sabía desde muy temprano, que no quería que mi matrimonio fuera como el de mis padres, el cual gozó de muy poca felicidad. Recuerdo una época corta, cuando yo tenía diez años, en la que parecía que era feliz. Fue después de una mudanza. Papá tenía un buen trabajo, mamá podía estar en casa, y vivíamos en una casa bonita en una buena zona. Sin embargo, pronto las cosas cambiaron para ser como era normal para nosotros: papá demasiado enfermo para trabajar, mamá trabajando y otra mudanza a una casa peor. Los dos se sentían muy mal. Aún así, yo tuve ese breve destello de lo que pensaba que debía ser un hogar normal, donde todos se llevaran bien. Quería eso para mí cuando creciera y tuviera mi propia familia.

Cuando las cosas iban bien con mi familia, íbamos a la iglesia. Cuando no iban bien, no íbamos. La asistencia parecía estar asociada a nuestras circunstancias y no a nuestro deseo de adorar a Dios. La iglesia a la que asistíamos era legalista; la entrada al cielo estaba determinada por lo bien que obedeciéramos las reglas. En mi adolescencia, sabía que yo no podía obedecer todas las reglas. Como iría al infierno, decidí divertirme aquí en la tierra mientras pudiera. Rechacé la iglesia, a Dios y a cualquier persona o cosa religiosa. Sin embargo, la infantil oración de una niña se quedó conmigo. *Por favor, Dios, permíteme tener un matrimonio feliz.*

Esa oración pareció ser respondida cuando Gary y yo nos casamos en mayo de 1974. Yo tenía veinte años y él veintiuno. Ninguno de los dos éramos creyentes. Él no había sido criado en ninguna iglesia o religión. Los dos nos habíamos ido de casa a los dieciocho, habíamos trabajado desde que éramos jóvenes y éramos bastante responsables.

En 1979, un amigo de Gary vino a verle. Le compartió su reciente historia de salvación y fe, y antes de irse, le dio a Gary una Biblia e "hizo la oración" con él. Cuando llegué a casa, Gary me contó lo que había ocurrido. Yo me burlé. *No sabe de qué se trata todo esto como yo lo sé*, pensé. Estoy segura de que mi expresión negativa y mi lenguaje corporal dijeron claramente que ese era un tema que no íbamos a discutir. Gary muy sabiamente no hizo ningún cambio en nuestro estilo de vida. Comenzó a leer la Biblia, aunque no tenía ningún seguimiento ni oportunidades formales de ser discipulado. En la rara ocasión en que surgía el tema de la fe, yo me volvía a mofar y le decía que iba a irse al infierno conmigo por todas las cosas que seguía haciendo, como fumar, beber y maldecir. Satanás también había sido fiel al proporcionarnos otro amigo que pensaba igual que yo. Gary no discutía mucho; tan sólo nos miraba y decía que eso no era lo que él estaba leyendo en la Biblia.

El tiempo pasó, y Dios me persiguió. Usó muchas cosas durante los siguientes tres años para ablandar mi corazón y exponer mi necesidad. Finalmente, en 1982, decidí leer la Biblia por mí misma y resolver este asunto de una vez por todas. Comencé en Mateo y leí todo el Nuevo Testamento. Cuando llegué a Romanos 7, le había dicho sí a la verdad de Dios. Sin embargo, con muy poca reverencia, le anuncié a Dios que Él iba a tener que demostrármelo.

Él lo hizo, y lo sigue haciendo hasta el día de hoy.

Siete años después, yo estaba sintiendo un hambre espiritual que no podía satisfacer. Comencé un estudio inductivo de la Biblia, y toda mi vida cambió. Pude ver la verdad, y aprendí que podía entender la verdad y discernir el error. La mayor parte de mi vida había huido de un Dios del que me habían hablado, no de un Dios al que conociera.

La paz y la libertad eran emocionantes.

El entender que daría cuentas de lo que sabía me asustaba.

El deseo de seguir aprendiendo era como ninguna otra cosa de lo que había experimentado hasta entonces. Así que Dios tomó esos años siguientes y me enseñó. Durante ese proceso, hice un compromiso con Él. Nunca le dejaría ni volvería a correr, a pesar de lo que pudiera ocurrir. Ese compromiso ha sido probado con algunas dificultades dolorosas, pero ha sobrevivido.

♥

Le cuento todo esto para ayudarle a entender el gran papel que jugó esto en mi respuesta al adulterio de Gary. Dios me había enseñado la verdad: la verdad de Él. Yo había decidido creer y obedecer, y sabía que mi obediencia a menudo sería lo opuesto a lo que me apetecía hacer. No hizo que por lo que estábamos pasando Gary y yo fuera más fácil, pero realmente sentí que no tenía otra opción que no fuera pasar por ello. Simplemente no tenía la libertad de mi Padre celestial para considerar seriamente el divorcio. No era una opción. Teníamos tres hijos que, o bien se beneficiarían de nuestra capacidad de recuperarnos, o lo pagarían muy caro si nos separábamos. Esa es la razón espiritual. Las otras razones no son tan espirituales.

En primer lugar, estaba el orgullo. Yo estaba orgullosa de mi feliz matrimonio. Conocía a tantos que no lo tenían, y yo había sido afortunada. No estaba dispuesta a arrojar todo eso por la borda. Lo valoraba, y Gary parecía que quería reconstruirlo, así que yo lo intentaría.

En segundo lugar, había más orgullo. La gente a menudo cree que hay buenos y malos en el matrimonio. Es fácil observar a las parejas, observar las dinámicas, y darse una idea de con quién sería fácil vivir. Ya les he contado que mi familia amaba a Gary. Era fácil llevarse bien con él, y era divertido, amoroso, con talento y un dador por naturaleza. La mayoría de las esposas estaban celosas, y la mayoría de los hombres se metían con él por hacerles quedar mal. ¿Quién cree que la mayoría de la gente pensaba que era el "bueno"? Incluso bajo las circunstancias del adulterio, cuando se hizo y se dijo todo, yo sabía que la mayoría terminaría comprendiéndole a él.

En tercer lugar, realmente yo no tenía ningún sitio donde ir. Nunca había estado tan cerca en espíritu de alguien como lo estaba con mi marido. Ese "buen matrimonio" me había proporcionado un compañero íntimo, alguien a quien acudir con todos mis problemas, un amigo al que podía ir con cualquier cosa y me seguiría amando y ayudando a superarlo. Yo estaba atravesando un infierno, y sabía que no se iba a terminar rápidamente. Tenía que tomar una decisión: podía pasar por ello sola, o podía hacerlo con Gary.

❤

Estaba sentada en el sofá después de otro día de dolor. Habían pasado unos pocos meses desde la revelación de Gary; la mayor parte de ello era un recuerdo muy vago. Estaba cansada de esconder mi dolor al mundo. En los días en que trabajaba en el hospital, necesitaba poner todo mi empeño para conseguir acabar mi turno sin desmoronarme. Una de las chicas entró en la sala de descanso, y mirándome fijamente me dijo: "Das la impresión de haber perdido a tu mejor amiga". Quería gritarle en su cara que, de hecho, había perdido a mis dos mejores amigos, pero en cambio mascullé algo benévolo y salí de la sala. Comprobaba y revisaba cada medicación que daba, cada impreso que rellenaba, porque mi mente no me funcionaba bien. Por primera vez en mi vida, experimenté un estrés tan severo que me estaba incapacitando. No sabía cuánto más podría soportar.

Y estaban los niños. Nuestro hijo mayor se estaba alejando cada vez más. El mediano se estaba metiendo en líos constantemente, ¿y quién tenía tiempo para el pequeño? Yo no sólo era un fracaso como esposa, sino también un total fracaso como madre. Sabía que Gary también estaba cansado, pero eso no era mi culpa, no fui yo la que hizo eso, sino él.

Escuchaba a Gary entrar, y oía a los niños saludar a su padre. Sonidos normales, pero ese no era un hogar normal. Ya nada era normal, yo no era normal, y lo único que podía hacer era llorar y hacer preguntas. Estaba obsesionada. Todos

estarían bien si tan sólo yo pudiera seguir adelante. Todos
podrían vivir sus pequeñas vidas normales con todas las
demás personas normales.

Tomé las llaves del auto y salí por la puerta. Entré en
mi auto y conduje; tenía que alejarme. Las lágrimas corrían
por mis mejillas ¿Alguna vez sería capaz de dejar de llorar?
¿Acaso encontraría alguna vez alivio para este infierno? Así
que le grité a Dios: *¿Cuándo se va a terminar esto? ¿Cómo pu-
diste permitir esto? ¿Por qué no nos protegiste de esto? ¿Por qué?
¿Por qué? ¿Por qué?*

No sabía hacia donde iba. *Ni siquiera estoy segura conduciendo. Oh, Dios, sólo mátame y que esto termine, ¡por favor!* El
nombre de una amiga vino a mi mente, y dirigí el auto hacia
su casa. A mitad de camino pensé en su marido y sus hijos.
¿Cómo iba a presentarme allí y contarle todo esto? Ellos ni
siquiera lo sabían.

Otra amiga. Ella sí lo sabía. Iría con ella. Giré en dirección opuesta. Ella también tenía hijos. No podía ir allí. Su
marido era amigo de Gary. No les podía hacer esto.

Volví a girar. ¿Dónde podía ir? *Quizá puedo ir a un bar.
Me emborracharé y me quedaré en un motel. Quizá hasta podría conocer a un hombre y ver qué es eso de cometer adulterio.*
Incluso mientras pensaba esas cosas, sabía que no podía ir.
Terminaría enferma, o peor aún, conduciría borracha y ma-
taría a alguien. Además, si cometiera adulterio, tendría que
volver a pasar por todas las pruebas del SIDA, y no podía
hacer eso. Un libro que había leído decía que deberían hacerse pruebas después de un adulterio. Al principio, no le
dimos importancia, pero cuando nos detuvimos a considerar las posibilidades de todo a lo que Gary había estado
expuesto, daba miedo. Así que le hicimos las pruebas a
Gary (uno de los momentos más vergonzosos de la vida).

Rellenar impresos con preguntas como: "¿Cuántas parejas sexuales ha tenido en los últimos seis meses?". Saber que la persona que viene a por la muestra de sangre ha leído las respuestas. Luego esperar durante días, semanas. Una noche soñé que la prueba daba positiva, y luego que yo era positiva, y tuvimos que decírselo a la compañera y su marido, y ellos eran positivos, y todos nos estábamos muriendo y todos sabían por qué. Al menos esa parte fue una pesadilla de la que me pude despertar.

Conduje sin dirección, revisando listas de nombres mentalmente. ¿A quién podía acudir? ¿Quién me consolaría?

Pensé en otra amiga, la cual no tenía hijos. Podía ir allí. Luego me acordé que no eran cristianos, y Dios había puesto en mí que los que me podrían ayudar tendrían que ser cristianos.

Detuve mi vehículo encima de un paso elevado. Puse mi cabeza sobre el volante y lloré como una niña. No había nadie. Nadie. Nadie en quien pudiera soltar esa carga y no sentirme mal después por haberlo hecho. Sólo había una persona que verdaderamente podría ayudarme y que tenía que experimentar esto conmigo. Mi marido.

Mientras daba la vuelta para dirigirme a casa, volví a hablar con Dios. *No me vas a dejar ir a ningún otro lado, ¿verdad?* Estaba comprometida con Él y con Gary. De una forma o de otra, los tres saldríamos de esta.

La historia de Gary

(Menos de seis meses después de la revelación)

Honestamente puedo decir que siempre me sentí comprometido con Mona. "Sí, claro", dirá usted. "¿Incluso durante su aventura amorosa?". Sé que suena raro, pero me sentía comprometido.

Había estado rodeado de matrimonios sólidos toda mi vida. Fui criado en una pequeña comunidad de clase media en el norte de California. Si alguna vez existió una existencia de tipo "familia ideal de clase media", yo fui educado en medio de ella. Mis padres eran felices. No recuerdo ninguna pelea ni palabras fuertes entre ellos. Mis abuelos formaban gran parte de nuestras vidas, y siempre parecían estar más que felices. No fui educado en un hogar cristiano, pero la moralidad y un sentimiento del bien y el mal formaron parte de mi infancia. Crecí creyendo que el matrimonio era para siempre, y que era algo que tenía valor.

No íbamos a la iglesia muy a menudo durante mi infancia. Yo sabía que había un Dios, y había oído de Jesús, su Hijo, pero realmente no sabía nada sobre una relación con Él.

Cuando estaba cerca de llegar a mis veinte años, comencé a sentir un tirón en mi corazón. Realmente no sabía qué hacer al respecto, pero había un vacío, sin lugar a duda.

Cuando me encontraba cerca de los treinta, un compañero músico con el que había perdido el contacto en los últimos años me llamó un día. Había estado escribiendo canciones y había oído que yo tenía un estudio de grabación. Me dijo que le encantaría venir a verme y enseñarme su trabajo, y quizá grabar una demo. Unos pocos días después, estaba golpeando mi puerta, listo para compartir esas canciones que había escrito sobre Jesús, su nuevo Salvador personal. Yo conocía muy bien a este tipo de cuando tocábamos juntos en un grupo, y por ese entonces no era cristiano. De hecho, era todo lo opuesto. Pero realmente había cambiado. Ahora era mucho más dulce al hablar y no tan demandante. No usó ni una mala palabra en todo el tiempo que estuvimos juntos, y eso no era normal en él. Compartió conmigo sus canciones y su corazón, y no pasaron más de un par de sesiones cuando me encontré orando con él la oración de salvación.

❤

Así pues, ¿qué tiene todo esto que ver con Mona y mi compromiso con nuestro matrimonio?

Realmente nunca pensé que yo sería un candidato para el adulterio. Mona y yo éramos felices. Estaba comprometido con nuestro matrimonio, y no pensaba que fuera lo que usted llamaría un "alto riesgo". ¿Entonces cómo llegué ahí?

La mejor descripción que he oído jamás fue "a pasitos de bebé". Desarrollé una amistad íntima con otra mujer. Nuestras conversaciones comenzaron de forma inocente: familia, amigos y ministerio, pero a medida que pasaba el tiempo, nuestra amistad iba profundizando. Comenzamos a compartir más sobre nosotros y nuestras vidas. Lo que queríamos, nuestros deseos, nuestras luchas. Mientras tanto, la atracción subyacente iba floreciendo a medida que teníamos más contacto. Un pasito de bebé llevó a otro pasito y a otro, y cuando quise darme la vuelta y correr, ya era demasiado tarde. El día en que ella estaba compartiendo algo doloroso y comenzó a llorar, me levanté y le ofrecí un hombro amigo. Ese ofrecimiento de consuelo se convirtió en mucho más en cuestión de segundos. Caer fue mucho más fácil de lo que nunca hubiera imaginado.

También en ese momento de nuestro matrimonio, yo estaba enojado con Mona por ponerme en el fondo de sus prioridades. Podía señalar muchas razones para mi enojo. El resumen era que sentía que ella no me quería de ninguna forma. Pero ella era mi esposa, y yo la amaba. Había hecho un compromiso ante Dios cuando hicimos nuestro juramento matrimonial. "Estoy en esto para siempre", solía decir yo siempre.

Mi infidelidad reveló la verdad; pero cuando Dios me llevó al punto del quebrantamiento y fue el momento de sacar todo a la luz, tuve un sentimiento de compromiso que sabía que sólo podía provenir de Dios. Usaría toda mi fuerza para convencer a Mona de que estaba ahí para quedarme, y que nada de lo que ella hiciera o dijera cambiaría eso. Y vaya, ¡no sabía que ella era capaz de hacer y decir tantas cosas! Tenía que ser la fuerza de Dios lo que formó en mí lo que llamé "la piel del armadillo". Ella usaba palabras que nunca antes la había oído decir, pero yo estaba comprometido.

Tras unos pocos meses en esta tesitura, descubrí de qué se trataba nuestro compromiso. Yo había comenzado con una actitud diligente y concienzuda. Estaba ahí en todo momento (y me refiero a todo momento) respondiendo a todas sus preguntas. Hablé y me expliqué hasta que me quedé sin palabras. Y luego me volví loco.

♥

Aquí vamos de nuevo.

Estaba enojado y cansado. No iba como yo pensaba que iría. Yo había creído que si podía arreglarme con Dios y confesar mi pecado, Él me recompensaría con un proceso de sanidad. Sí, había pecado, pero también había obedecido y tratado con el pecado honestamente: con Dios, con Mona y con mi iglesia.

Había hecho todo como se supone que debía; sin embargo, la situación no mejoraba. Yo había esperado un camino pedregoso, pero no me esperaba que la carretera se escarpara más y fuera más peligrosa con el tiempo. Parecía que cuanto más intentaba suavizar las cosas, más se enojaba Mona. Su aluvión de preguntas seguía aumentando, y mi enojo llegó a nuevas profundidades. Sí, había cometido el pecado, ¿pero cuánto castigo debería llevar?

Tras unos meses, la conmoción desgastó a Mona. Creo

que ella honestamente quería perdonarme y mantener el matrimonio, pero cuanto más convencida quedaba con mi sinceridad, más se enojaba y demandaba más. Insistía en que pasara cada momento de mi tiempo convenciéndola de que me quedaría, de que no me iría. Y era mejor que yo respondiera a la misma pregunta exactamente como había respondido esa pregunta la última vez; y la vez anterior, y la anterior. Cualquier mínima variación en mi respuesta era causa de suspicacia: ¿Por qué había cambiado mi respuesta? ¿Qué era lo que no le estaba contando? ¿Qué mentira había ocultado? Era un asalto interminable.

¿Es esta la vida, la esposa, que me espera a partir de ahora? ¿Nunca seré más que su cabeza de turco? Parecía que cuanto más nos adentrábamos en el supuesto proceso de sanidad, más nos alejábamos de una relación matrimonial. Yo estaba comenzando a perder la esperanza. Para ser franco, si esa era la forma en que íbamos a vivir la vida, no estaba interesado.

¿Entonces qué ocurre con esto, Dios? ¿Me hiciste pasar por todo para esto? ¿Me has guiado...hasta aquí? He sido fiel en todo desde mi confesión. ¿Dónde estás? ¿Dónde está tu poder sanador? Pensaba que estabas de mi lado.

Mientras me sentaba gritando esta oración a Dios, comencé a sentirme culpable. ¿Quién era yo? ¡El adúltero! ¡El infiel! ¿Quién era yo para pensar que merecía algo mejor? Los problemas que nos habían llevado a Mona y a mí hasta ahí estaban empezando a ser más evidentes para mí, y estaba comenzando a entender por qué muchas parejas no sobreviven a la infidelidad. Estaba cuestionando nuestra supervivencia por primera vez. Que Dios permitiera el divorcio por causas de adulterio estaba comenzando a cobrar sentido. Las heridas eran muy profundas para ambos; el dolor tan intenso me llevó a pensar en "auto"preservarme y menos en preservar"nos". Pero a través de todo esto supe en mi espíritu que Dios quería que sobreviviéramos, y que era su voluntad que nuestro matrimonio se arreglara.

¿Pero dónde estás, Dios? ¿Dónde estás ahora?

Después oí su callada y tranquila voz diciendo: *Estoy aquí. Y Gary, mejor que te quedes aquí, enojado conmigo, antes que no tenerte conmigo.*

Esas pocas palabras significaron mucho para mí, esa imagen de un Padre amoroso queriendo a su hijo enojado. Qué compasivo es. Mi enojo no le apartó. Nuestra relación significaba más para Él que cómo yo me estaba comportando en ese momento o cómo me había comportado en el pasado. Su ejemplo era el mejor ejemplo de compromiso.

¿Sería incluso posible que eso también pudiera funcionar con Mona? Mi enojo con Dios había disminuido cuando le oí decir lo mucho que me quería con Él. Mis pensamientos recordaban los días de pecado cuando me sentía tan lejos de Él. Había vuelto, pero el enojo había salido a flote en mí cuando las cosas se habían puesto difíciles. ¿Podría ser también lo que Mona estaba haciendo? ¿Y podría mi deseo de estar con ella tener el mismo efecto sobre su enojo?

En unos momentos, un nuevo entendimiento inundó mi mente y mi corazón. De repente, vi el paralelismo de mi relación con Dios en mi relación con Mona. El amor *ágape*, autosacrificial, que Dios tiene por mí era el único modelo que yo podía seguir para sacarnos de esa crisis. No saldría de mí sino de Él a través de mí. Lo único que tenía que hacer era estar comprometido con Dios, con Mona y con la recuperación de nuestro matrimonio.

No en mis fuerzas, Señor, sino en las tuyas.

La historia sobre el compromiso

Entonces, ¿qué es compromiso? Es algo intencionado, activo. En el caso de la recuperación del adulterio, es principalmente una decisión de hacer todo lo que pueda para sanar su matrimonio. Nosotros cometimos errores; a los dos nos costó mucho, pero estábamos comprometidos, y finalmente, con la ayuda de Dios, lo conseguimos.

Pero más importante aún es a quién y qué se compromete usted. Algunas personas comprometidas han creado grandes problemas porque estaban comprometidas con cosas que no edifican su matrimonio (como una persona infiel más comprometida con un compañero que con su cónyuge, o un cónyuge comprometido a asegurarse de que el infiel sufra tanto como él o ella). Ambos son ejemplos de compromisos que causan más daño que sanidad. Igualmente engañoso y dañino es el compromiso a asegurarse de que su cónyuge ahora se convierta en la persona que usted siempre quiso que fuera.

Le animamos a considerar y reconocer a qué está comprometido. Este es un viaje largo y difícil. Identificar su compromiso le capacitará para tomar decisiones basadas en ese compromiso en lugar de en sus emociones. Se encontrará muchos obstáculos, pero es posible llegar ahí. El compromiso es una de las principales herramientas que más necesitará.

Comprometido con Dios

El principal compromiso que influirá mucho en su comportamiento es el compromiso con Dios. Cada uno tenemos que comprometernos a caminar por este camino con Él. Eso significa que nos sentaremos a sus pies, buscaremos su guía y estaremos dispuestos a hacerlo a su manera. La verdad es que Él da la fuerza y la energía para este viaje. Su guía es estable cuando nuestras emociones están revueltas. En medio de los peores momentos, lo único que nosotros podíamos hacer era pedirle a Él que nos guiara, que nos revelara el siguiente paso que debíamos dar.

Mona, arregladora por naturaleza, descubrió que necesitaba esperar la guía del Señor y retraerse de actuar por su cuenta. Gary, que normalmente evita el conflicto, descubrió que necesitaba actuar cuando el Señor le guiaba a hacerlo. Los dos descubrimos que esos papeles nos resultaban difíciles, pero nuestra motivación llegó de nuestro compromiso con Él. Pudimos hacerlo por Él cuando no teníamos ganas de hacerlo por nosotros mismos a modo individual, y mucho menos por el otro.

Nos cansamos mucho, y sentíamos que habíamos hecho todo lo que podíamos. Comenzamos a preguntarnos si quizá restaurar nuestro matrimonio era algo demasiado duro. Entonces el Señor nos recordaba que sin duda era demasiado duro para nosotros, pero no para Él. Él renovaba nuestra fuerza y nos guiaba por el camino, y nos recordaba quién era Él y que nada era demasiado difícil para Él.

Algunos días, lo único que podíamos hacer era clamar a Él, pero eso era suficiente. Dios, que creó el matrimonio, es digno de nuestro compromiso, y podemos confiar en Él, porque Él es fiel.

Si esto suena demasiado simplista, le sugerimos que se siente a sus pies en oración, que honestamente le exprese sus sentimientos y le pida ayuda. Después espere y vea lo que Él hace.

Compromiso con el yo

En segundo lugar, está el compromiso con usted mismo, de que desde aquí en adelante se enfocará en ser el marido o la esposa que Dios le ha llamado a ser. Decida que cuando no quiera hacer lo que sabe que debe hacer (y habrá muchas de estas veces), admitirá sus sentimientos honestamente ante Dios y ante usted mismo. A veces, no teníamos deseos de ser buenos cónyuges. Le pedimos a Dios que nos diera corazones que le honraran a Él.

El compromiso del infiel, a ser el cónyuge que Dios le ha llamado a ser, sella permanentemente la separación entre el infiel y el compañero. Idealmente, no debería haber contacto alguno entre ellos. Si eso es imposible debido a otras circunstancias, como una situación laboral inevitable o un vecino, sugerimos que el marido y la mujer discutan cómo manejarán el contacto y acuerden juntos los límites. Cualquier contacto debería ser lo más breve e impersonal posible. Los compañeros de aventuras amorosas no pueden ser amigos; simplemente no funciona, y dañará el proceso de sanidad del matrimonio. Este es un tema muy importante, y hay que tratarlo. Algunos ven que cambiar de trabajo es una alternativa más fácil que seguir trabajando cerca del compañero.

Cuando las cosas se ponen difíciles en casa, y será muy probable que así sea, Satanás estará ahí para tentarle a que vuelva con el compañero. Rechazar esos deseos es un imperativo y será una parte vital de su recuperación. Negar que esos deseos existen sólo aumentará su vulnerabilidad y riesgo. Sea honesto consigo mismo y con Dios. Reconozca que la fuente de estos deseos está basada en una mentira. Y la relación hacia la que correría está basada en la fantasía. Enfóquese en el compromiso que ha realizado, el cual está basado en la verdad.

Para el cónyuge, esta es una oportunidad para orar (¡como si necesitara otra!) Pero Dios nos llama a orar unos por otros y nos da una oración específica para esta circunstancia: "Por eso le cerraré el paso con espinos; la encerraré para que no encuentre el camino" (Oseas 2:6). Ore para que el camino del pecado sea difícil, que Dios les rodee a usted y su pareja con un vallado de protección.

A menudo, tuvimos que luchar con sentimientos como: "Yo era un buen cónyuge", o "Podría ser mucho mejor cónyuge si él o ella...", o "Ya he hecho bastante". La realidad es que el matrimonio necesita cambiar. O quizá la manera en que respondemos cuando nuestro cónyuge viene a nosotros tiene que cambiar. La mayoría de nosotros tiene muchos problemas con los que tratar que necesitan un cambio. No estamos hablando de por qué ocurrió el adulterio, y sin duda no estamos culpabilizando, sino simplemente nos referimos a ser el marido o mujer que Dios nos ha llamado a ser, y ninguno de nosotros somos perfectos en esa área. El único al que usted puede cambiar es a usted mismo. Eso no significa que se deshaga de lo bueno en usted; siga haciendo lo correcto. Significa que se compromete a evaluarse honestamente como el cónyuge que Dios le ha llamado a ser.

Sin embargo, no tiene que medirse con cualquier cosa que crea que su cónyuge pueda querer que usted sea. La compañera de Gary llevaba tacones muy altos; Mona no. Durante los primeros días de nuestra recuperación, fuimos a comprar zapatos juntos y compramos un par de zapatos blancos de tacón. Eran atractivos, y Mona quería estar atractiva para su marido, así que se los puso. Los llevó una vez; a la media hora su dolor de pies era insoportable. Además, los zapatos se convirtieron en un recordatorio visual de la penosa verdad de que estaba compitiendo con la compañera de su marido. Se deshizo de ellos, porque estaban muy lejos de lo que Dios la había llamado a ser y, de hecho, eran perjudiciales para nuestra recuperación.

Esto es algo muy común. Claro está, el asunto de los zapatos no es algo que afecte a todos, pero el principio y la motivación existentes detrás de la decisión son los mismos. Usted no está comprometido a ser el cónyuge que otra persona desearía que fuera, sólo a cumplir el propósito de Dios para usted y para su matrimonio.

Compromiso con su cónyuge

Por último, compromiso con su cónyuge. Comprométase a hacer todo lo que pueda para establecer un entorno de sanidad. Comprométase a ser honesto desde este momento en adelante, lo cual puede ser un viaje difícil para algunos de nosotros. Significa reconocer que la deshonestidad le llevó por su actual camino. Significa admitir ante su cónyuge que un matrimonio sano requiere confianza e intimidad, y que usted está dispuesto a cultivar esas cualidades en su relación. Algunas personas escogen la infidelidad por razones que no tienen nada que ver con su cónyuge y tienen más que ver con sus problemas personales. Aunque este sea su caso, como cónyuge que ahora tiene este conocimiento, se puede convertir en un abogado de la sanidad de su esposo o esposa.

Comprometerse con su cónyuge también significa decidir que no estará satisfecho con nada menos que la sanidad total, sin importar lo largo que pueda ser el proceso. Ninguno de nosotros quiere llegar nunca más hasta aquí. Les decimos a las parejas que tengan más temor de no sanar que de pasar por el proceso de sanidad.

Algunos de ustedes estarán ahí sentados diciendo: "¿Comprometerme con mi cónyuge? Es la persona que hizo un agujero en mi matrimonio y mi corazón". Entendemos las emociones. Por favor, observe que su compromiso no es el de pasar por alto el pasado o fingir que no ocurrió nada, sino el de proporcionar el entorno para la sanidad, el de estar dispuestos a trabajar juntos por algo que vale la pena salvar.

El deseo de evitar ser herido de nuevo es real. Para Mona,

fueron necesarios tiempo y muchas pequeñas pruebas para ver si Gary realmente iba en serio cuando decía que estaba comprometido con la sanidad. Gary pasó muchas horas de honesto dolor, discusión y compartir la verdad. Tuvo que estar dispuesto a darle a Mona tiempo, a soportar las pruebas y a pasarlas. Y al mismo tiempo, tuvo que estar dispuesto a dejar que Dios guiara a su cónyuge en su propio camino de sanidad.

Aquí es donde entra el verdadero compromiso: cuando pasa por el inicio del proceso de reconstrucción, cuando su cónyuge comienza a avanzar, cuando usted comienza a relajarse (y Dios sabe que ambos necesitan relajarse) y puede ver un rayito de luz al final del túnel. Es ahí donde puede cometer un error crítico y costoso. Es ahí donde realmente lo puede estropear todo.

¿Cómo? Dejar de trabajar en el matrimonio. Cerrar el caso. Decidir que ya ha hecho bastante. Permítanos asegurarle la verdad del viejo dicho: "No se terminará hasta que se termine". La sanidad es un proceso, y en la situación de adulterio, es un proceso tediosamente lento. Cada uno procederá a su propio paso. Recuerde que el infiel comenzó este proceso antes de que incluso comenzara la aventura amorosa. El cónyuge normalmente comienza con la revelación. También, cada uno de ustedes tendrá problemas personales por separado además de su problema de pareja. Si un matrimonio sano es su objetivo, debe permitir que su pareja lo procese en el tiempo de Dios. ¡Vale la pena!

El compromiso con Dios, con usted mismo y con su cónyuge (en este orden) hace posible que el proceso se mueva hacia adelante. Nos damos cuenta de que algunos lucharán con este orden. ¿No debería estar el yo siempre en último lugar? ¿No es poner el yo por delante del otro lo que nos llevó a esta situación? No estamos recomendando esto como un estilo de vida, sólo para ayudar durante el proceso del adulterio. Recuerde que su compromiso con el yo no es para la autosatisfacción; es un compromiso de que, a partir de este día, se enfocará en ser la esposa o el marido que Dios le ha llamado a ser. El adulterio es un descarrilamiento. Cada uno de ustedes está gravemente herido emocional, espiritual y físicamente. Sanar ese daño lleva tiempo.

Su compromiso número uno con Dios permanecerá inalterado. Tenemos la confianza de que, a medida que Él sana su matrimonio y a usted, también irá corrigiendo según sea necesario. Sabemos que si no nos hubiéramos enfocado en estos compromisos, nuestro matrimonio probablemente no habría sobrevivido. Odiábamos el tener que hacer eso, y fue lo más difícil que hicimos jamás, pero estamos muy contentos de haberlo hecho.

Preguntas para considerar y conversar

1. Tanto Gary como Mona compartieron un poco sobre sus pasados. ¿Puede identificar cosas de su propio pasado que pudieran influenciar su compromiso con el proceso de sanidad?

2. Compartan el uno con el otro las razones por las que están dispuestos a intentar sanar del adulterio.

3. El compromiso de Gary de sanar fue probado a los pocos meses. ¿Qué le ha hecho a usted cuestionarse su compromiso?

4. Si su cónyuge tuviera que enumerar lo que usted ha hecho que expresa su compromiso con la sanidad, ¿qué cosas diría?

5. ¿Está comprometido a hacer esto a la manera de Dios? ¿Por qué o por qué no?

6. El segundo compromiso era enfocarse en ser el marido o la esposa que Dios le ha llamado a ser. ¿Dónde cree que lo ha hecho bien? ¿Dónde cree que necesita mejorar?

7. ¿Cómo sería un entorno de sanidad para usted? ¿Qué parte de eso le cuesta proporcionar?

8. ¿Se puede comprometer a ser sincero? ¿Teme la respuesta de su cónyuge?

9. Tanto Gary como Mona pasaron por un tiempo en el que querían abandonar porque era demasiado duro. ¿Le ha ocurrido a usted? ¿Qué podría hacer su cónyuge para ayudarle a superar estos sentimientos?

10. Lea el Salmo 37:5-6. ¿Cree que Dios le ayudará en este viaje? ¿Por qué o por qué no?

3

Fe

Así que la fe viene como resultado de oír
el mensaje, y el mensaje que se oye
es la palabra de Cristo.
Romanos 10:17

LA HISTORIA DE GARY

(El día de la revelación)

Yo no era estúpido; sabía que eso estaba mal, y sabía lo que la Biblia decía sobre el adulterio. Había leído sobre endurecer el corazón y gente entregada a sus propias perversiones. Sabía estas cosas, así que ¿cómo podía yo, siendo cristiano, estar cubierto hasta el cuello por mi propio pecado? ¿En adulterio? ¿Por qué no ponía fin?

Conduciendo al trabajo ese lunes por la mañana, de nuevo me sentí agobiado con estos mismos pensamientos. ¿Dónde estaba Dios? ¿Por qué no me ayudaba con esto? Había vuelto a estar con "ella" la semana anterior. Después me pasé el fin de semana lleno de culpabilidad y pidiéndole perdón a Dios. Había estado en esa situación muchas veces. Sabía en lo más hondo de mi corazón que la única manera de salir era haciendo algo drástico. Necesitaba cortar la relación pecaminosa y confesárselo a mi esposa. Dios me había estado diciendo eso todo el tiempo. Él no me dejaría solo, ¿pero cómo podía hacerlo? Reconocer mi pecado no sólo afectaría a mi matrimonio, sino a toda mi familia, a mi empresa, a mi iglesia, a mi ministerio público. Nada quedaría a salvo, nada quedaría sin mancharse por mi sucio comportamiento.

Yo no había buscado eso, y ella tampoco. Ocurrió muy lentamente: dos personas solitarias, dos cónyuges desatendidos. Una amistad que se hizo cada vez más íntima con el tiempo. Sin embargo, no importa cómo yo lo justificara, Dios siguió trayendo convicción espiritual a mi estilo de vida pecaminoso. Muchas veces el pastor había dicho en sus sermones del domingo: "Mi puerta siempre está abierta", y yo sabía que Dios me estaba hablando a mí. *Oh, Dios, perdóname. ¡Ayúdame! Dame la fuerza para alejarme de ella esta vez.*

Según aparcaba mi auto en el estacionamiento de la oficina, la puerta de atrás se abrió, y salió caminando mi ingeniero, un chico de veinte años. Era un chico fácil de tratar, con mucho talento y que hacía un buen trabajo en el estudio.

Cuando salí del auto, noté la mirada en su rostro. No parecía contento. *¡Genial! Problemas con los empleados es lo que más necesito. ¿Acaso no tengo bastante con mi propia situación? Muchas gracias, Dios. Oro pidiéndote fuerzas, y justamente donde más lo necesito (la oficina donde ella y yo trabajamos), tú vas y enciendes más la caldera.* Sentí que mi corazón se aceleraba según entraba en la oficina con mi ingeniero. Necesitaba algo de alivio, no más presión.

Su saludo fue:

—Tenemos que hablar.

—Está bien—dije—.Vayamos al estudio.

Él iba primero.

Cuando cerró la puerta detrás de él, sabía que mi intuición era buena. Ese no iba a ser un buen día. Mi nivel de ansiedad aumentó. ¿Acaso iba a dejar el trabajo?

Pude ver por su manera de sentarse que estaba nervioso e incómodo.

—Vengo a ti citando Mateo 18:15-17. 'Si tu hermano peca...ve a solas con él y hazle ver su falta'.

Yo conocía el pasaje. "Si tu hermano peca contra ti, ve a solas con él y hazle ver su falta. Si te hace caso, has ganado a tu hermano. Pero si no, lleva contigo a uno o dos más, para que "todo asunto se resuelva mediante el testimonio de dos o tres testigos". Si se niega a hacerles caso a ellos, díselo a la iglesia; y si incluso a la iglesia no le hace caso, trátalo como si fuera un incrédulo o un renegado".

—Gary—dijo—, creo que estás en pecado. Tras luchar con Dios durante un tiempo, fui a mi pastor. Él me aconsejó que confrontara esto contigo, y aquí estoy.

Hizo una pausa, tomando aire como si hubiera terminado una tarea difícil.

—¿Qué?—exclamé—.¿Qué te hace pensar eso?

¿Qué sabía él? ¿Cómo podría saberlo? Ella y yo éramos buenos, en cuanto a mentir se refería. Sabíamos cómo mantener nuestra relación amorosa de manera discreta. Teníamos mucho cuidado cuando estábamos con otras personas, y especialmente con los otros trabajadores. No me podía imaginar ni un poco de sospecha; pero si hubiera alguna sospecha, seguro que no habría prueba alguna. *Descubriré lo que piensa que sabe y seguiré mintiendo. Tengo que hacerlo por el bien de todos.*

Él siguió.

—Creo que la semana pasada cuando usted y su compañera

de trabajo salieron de la ciudad para esa reunión, hicieron algo más que tan sólo reunirse con clientes. Creo que están manteniendo una relación amorosa.

Mi mente se aceleró. *¿Qué había ocurrido? ¿Cómo podía él saberlo? No podía. ¿Y quién es él para confrontarme? ¡Soy su jefe! Seguiré negándolo.*

Él siguió.

—Creo que tiene que ver a su pastor y confesarlo.

Sí claro, entraré y arruinaré mi vida y las vidas de todos los que me importan. ¿No se da cuenta de lo que está pidiendo? ¿No se da cuenta de que está poniendo en peligro su trabajo?

—Si usted no lo hace, me veré forzado a ir.

Siguió citando las instrucciones de Mateo.

De forma lenta pero segura, me di cuenta de cuánto valor había acumulado ese joven para ser obediente a Dios. Comprendí que Dios le estaba usando para llamar mi atención. Yo estaba cansado de mentir. Estaba cansado de correr. Esa no era la ayuda por la que yo había orado, pero sabía que Dios me estaba ayudando. Respiré hondo, hice una pausa y exhalé. La lucha en mí se derritió; y llegó la sumisión a Dios. Él no iba a dejarme continuar, no me iba a dejar seguir con mi pecado. Ahora me estaba dando la motivación que necesitaba para salir de este pecado.

—De acuerdo—dije—. Llamaré a mi pastor.

Y así comenzó el día que cambiaría mi vida para siempre.

LA HISTORIA DE MONA

(Menos de seis meses después de la revelación)

No creo que pueda soportar más esto, gritaba mi mente. Ahí estaba de nuevo, sentada en la iglesia con mis dos hijos pequeños, sola. Y ahí, unas pocas filas más adelante y a la derecha, se sentaba "ella". Aunque ella no estaba sola. Su marido estaba con ella, y la rodeaba con su brazo. ¿Cómo podía yo adorar cuando la compañera de mi marido se sentaba en la misma iglesia? *Oh, Señor, ayúdame.*

Mis oídos podían oír la música. Mis ojos podían ver a la gente cantando. En mi mente estaba comenzando a cundir el pánico. La sangre se me subía a la cabeza. Podía sentir las palpitaciones en mi pecho y la ira y el vil enojo en mi corazón. ¿Qué estaba yo haciendo ahí? ¿Qué clase de cristiana era yo?

Luego, en el momento justo, mis hijos comenzaron a comportarse mal: retorciéndose, hablando, jugando con lo que tenían a la mano. Mis callados recordatorios quedaron desatendidos. Ellos tampoco querían estar ahí. Eso era una mofa.

¿Cuántas personas conocían la aventura amorosa? No lo sabía, y nunca lo sabré. Realmente quería gritarles a todos: "¡Pero él realmente me ama!". ¿Por qué me iban a creer? No estaba segura de creerlo ni yo misma. Él ni siquiera se sentaba en la iglesia conmigo. Tanto él como ella habían sido retirados de todo ministerio público, pero a mi marido se le permitió seguir trabajando en la cabina de sonido a puerta cerrada. Era un escondite perfecto para él, y a mí me hacía enojar. No podía esconderme, no podía tenerle conmigo, y yo tenía a los niños (alterados e indisciplinados). Cualquiera que estuviera viendo probablemente pensaría: *Es evidente que esa familia tiene problemas.* Me sentía como si llevara puesta una señal que dijera "¡NO SOY SUFICIENTEMENTE BUENA!". No era una esposa suficientemente buena, ni tampoco una madre lo suficientemente buena, ni una cristiana lo suficientemente buena.

La música continuaba. Nos pusimos de pie. Nos sentamos. Ellos oraron, yo oré: *¡Ayúdame!* Más música.

Anuncios. Tiempo de saludarnos. De pie, estrecharse las manos y sonreír como si todo estuviera bien.

—¿Cómo está?

—Bien.

Pero ahí estaban ellos. Aún podía ver a la pareja feliz, saludando, sonriendo. Incluso cuando intentaba mirar a otro lado, mis ojos irresistiblemente eran atraídos a ellos. ¿Cómo podían mantener esa apariencia de normalidad? ¿Cómo podía yo?

Más música. No podía seguir fingiendo que cantaba. Me estaba volviendo loca. Mi cuerpo se llenó de adrenalina, y estaba comenzando a llorar. *Esconde las lágrimas. No dejes que los niños te vean.* "Shhh, quietos chicos, estamos en la iglesia".

Nos sentamos. El pastor se levantó y comenzó a hablar. ¿Qué estaba diciendo? No podía oírle. La sangre latía tan alto en mis oídos que pensé que todos a mi alrededor también lo estarían oyendo. *No puedo hacer esto. Me voy a poner enferma.* El vómito me subió hasta la garganta. Mi cuerpo comenzó a temblar incontroladamente.

No estoy escondiendo esto bien. Estoy perdiendo el control. Me voy a levantar y a gritar como alguna mujer lastimosa y loca de una película barata. Tengo que salir de aquí. No puedo estar aquí. ¿Pero qué ocurre con mis hijos? ¿Quién se quedará con ellos? ¿Qué les digo? No sabrán lo que pensar. Les voy a asustar. Y no digamos de cómo distraerán a los de alrededor si me voy.

Habíamos decidido quedarnos en esa iglesia por los niños, pues ellos habían estado allí toda su vida. Sus amigos estaban allí, y nuestro hijo mayor estaba batallando espiritualmente; no queríamos ayudarle a apartarse de Dios. Si me levantaba y salía corriendo de esa iglesia, ¿qué les ocurriría a mis chicos? ¿No estaban ya pasándolo mal en casa? Además, nosotros también teníamos a los amigos allí, también teníamos apoyo allí. Ya habíamos perdido mucho. ¿Teníamos que perder también nuestra iglesia?

¡Pero no puedo quedarme aquí! No puedo sentarme aquí como si no pasara nada malo, cuando mi corazón se está haciendo pedazos, cuando mi corazón está lleno de malas emociones que solapan mi gozo y mi paz. Si sigo aquí sentada, me pondré enferma. Voy a perder la poca cordura que me queda. Me estoy muriendo. Estoy destrozada y sangrando como alguien a quien le han disparado con una pistola. No voy a poder.

Y entonces lo sentí. Un brazo por encima de mis hombros. Oí un susurro en mi oído: "No estás sola". Sabía, sin mirar, que no había otra persona a mi lado; sin embargo, podía sentir ese brazo a mi alrededor. Quizá realmente estaba loca. Quizá había perdido la razón. O quizá aquello en lo que decía que creía era verdadero. Pude sentir cómo la calma entraba en mi cuerpo. Jesús estaba ahí conmigo en esa iglesia. No estaba loca. Él era real, y estaba conmigo. Pude sentir su brazo a mi alrededor. Pude sentir su consoladora presencia diciéndome que no estaba sola, que nunca estaría sola. Él y yo nos sentaríamos ahí juntos con esos preciosos niños. Él y yo pasaríamos juntos por toda esa experiencia.

Mi cuerpo se calmó al nivel donde sobrevivir era una opción. Quizá no escuché el sermón, pero me reuní con mi Señor en la iglesia aquel día. Y me fui a casa como lo hacía la mayoría de los domingos: me metí en mi cuarto y lloré, porque en un sentido muy real había perdido mi iglesia. Nunca volvería a ser lo mismo. Yo misma, nunca volvería a ser la misma. La presencia del Señor me permitió seguir adelante ese día. Él fue fiel en ayudarme a salir adelante muchos días más. No se me pasó todo el dolor ni se resolvieron todas mis dificultades derivadas de ese pecado. Él no lo arregló todo, pero hizo lo que prometió: me consoló. Al igual que la sanidad de mi matrimonio llevaría tiempo, mi fe también crecería lentamente con el tiempo.

La historia sobre la fe

Cuando pensamos en personas de gran fe, pensamos en grandes personas. En nuestros pensamientos, dibujamos el cuadro de una persona cuya fe le aportaba una serena sonrisa y una conducta calmada en todo momento. Hebreos 11 a menudo se conoce como "el salón de la fe", pero si lee los pasajes del Antiguo Testamento sobre la gente que aparece en ese capítulo, verá que eran personas normales que luchaban con debilidades personales y fracasos en medio de las circunstancias de la vida. Lo que les distinguió fue que aprendieron lo que significaba "vivir por fe", y eso fue también lo que marcó la diferencia en nuestra recuperación.

Definamos la palabra *fe* antes de continuar. Es una de esas palabras que, a menudo, significan cosas diferentes según las personas. La definición más simple y precisa es que fe es creer lo que Dios dice hasta el grado en que influya en su manera de pensar *y* de actuar. La fe le da sustancia a su creencia y lo convierte en algo tangible. Es por fe que actuamos. Hebreos 11 está lleno de "por la fe" se hizo esto o lo otro.

Veamos la definición de Dios de fe en Hebreos 11:1: "Ahora bien, la fe es la garantía de lo que se espera, la certeza de lo que no se ve".

Lo que esperamos en fe y estamos seguros es de lo que Dios ha dicho. Tenemos fe en que Él es quien dice que es y puede hacer lo que dice que hará. Dios no es una máquina expendedora que nos da lo que queremos, o incluso lo que creemos que necesitamos, con tan sólo introducir la moneda de fe correcta. Estar delante de Él y demandar lo que pensamos que merecemos no es fe. El centro de nuestra relación con Dios es el amor entre Él y nosotros. La fe cree en la realidad de esa relación como Dios la describe en las Escrituras. Esa relación es perfeccionada en nuestra obediencia y severamente interrumpida por nuestra desobediencia. Fe significa abandonar toda la confianza en nuestros propios recursos, e implica una total confianza en Dios y una total obediencia a Él.[1]

Jesús fue el ejemplo perfecto de esa relación y esa obediencia, y lo vimos claramente en el huerto de Getsemaní. Jesús sabía lo que le esperaba. Lucas 22:42 dice: "Padre, si quieres, no me hagas beber este trago amargo; pero no se cumpla mi voluntad, sino la tuya".

El pasaje tan a menudo citado de Romanos 8:28 está incompleto sin el versículo 29. El versículo 28 dice: "Ahora bien, sabemos que Dios dispone todas las cosas para el bien de quienes lo aman, los que han sido llamados de acuerdo con su propósito". Después, el versículo 29 continúa: "Porque a los que Dios conoció de antemano, también los predestinó a ser transformados según la imagen de su Hijo, para que él sea el primogénito entre muchos hermanos". El propósito de Dios es que seamos como Jesús. En ningún lugar dice que su propósito sea hacernos sanos, ricos y felices. Jesús vino como un siervo enviado aquí para la salvación de la humanidad. El punto era hacer de puente para que Dios pudiera tener una relación con nosotros. Se trata de Dios, y no de nosotros. Dios usará lo que sirva su propósito para mejorar su relación con nosotros, para hacernos más como Jesús, quien tuvo una relación perfecta con el Padre. Dentro de esa relación, recibimos gozo y paz, independientemente de nuestras circunstancias.

Con estos principios en mente, nos gustaría compartir con usted cómo nuestra fe marcó la diferencia en nuestra recuperación, y cómo Dios ayudó a que nuestra fe creciera durante ese proceso.

Nuestra fe creció, porque descubrimos que Dios es suficiente

Nosotros, junto a muchos otros con los que hemos hablado de este asunto, hemos encontrado que Dios es suficiente sólo cuando Él era lo único que teníamos. No que no fuera suficiente antes, sino que nosotros nunca nos habíamos dado cuenta de ello.

Mona entendió este principio una noche después de otro largo periodo de conversación, lágrimas y dolor. Mientras estaba de pie en la puerta entre la habitación principal y el baño, de repente, se desplomó en el piso. "Esto me está matando, y realmente no creo que vaya a poder superarlo." De repente, ella se dio cuenta de que había perdido no sólo su matrimonio y su marido, sino también una parte de ella misma.

No quedaba nada a lo que aferrarse. Se vio totalmente insuficiente por primera vez en su vida, y el miedo la atenazó. Esa noche, Dios le dio a Mona el conocimiento de que sobreviviría; no que todo estaría bien, sino que Él la capacitaría para sobrevivir. Estaría bien de nuevo, independientemente de que su matrimonio se sanara o no. Ella quería que el matrimonio sobreviviera, pero si no lo hacía, ella sobreviviría. La paz que llegó con esa convicción fue tangible y un punto de inflexión definitivo en su recuperación.

También durante ese tiempo, ella llegó a entender que había puesto a Gary por encima de Dios. No era que pensara que Gary era Dios (especialmente ahora), pero veía a Gary como su fuente de fuerza, consuelo y amor. Lo que ella aprendió fue que Gary fracasó en este sentido. Mona falló cuando Gary había esperado que ella fuera lo mismo para él. Fue un papel que Dios nunca quiso que ningún ser humano desempeñara. Todos somos incapaces de cumplirlo, y la vida sería mucho más fácil y mejor con Gary siendo su marido, pero él no era necesario para su supervivencia.

Nos vimos obligados a enfocarnos en Dios, porque no teníamos nada ni a nadie más. Incluso quienes nos amaban y sabían lo que estaba ocurriendo, eran incapaces de suplir totalmente nuestras necesidades. Este entendimiento vino con un gran costo, pero es una lección que no cambiaríamos por nada. Al entender esto, recibimos el beneficio de un entorno que nos llevaría a la sanidad y, finalmente, a un matrimonio más saludable. Entendimos las palabras de Pablo en 2 Corintios 12:9: "Pero él me dijo: 'Te basta con mi gracia, pues mi poder se perfecciona en la debilidad'". Otra versión lo dice incluso con más claridad, diciendo que su gracia es lo único que necesitamos, y que su poder obra mejor en la debilidad. Nuestra fe creció, porque descubrimos que nosotros no éramos suficientes, y Dios sí.

Nuestra fe creció, porque Dios nunca nos dejó

Ese día en la iglesia, Mona aprendió que Dios nunca la había dejado. En el peor de los momentos, la soledad penetró en nuestras almas, pero también nos dio una oportunidad para darnos cuenta de la continua presencia de Dios. ¿Podemos dejar a Dios? Seguro. Siempre que le damos la espalda y desobedecemos, nos alejamos de Él, pero Dios siempre está ahí, esperando a que regresemos. Nuestra relación con el Señor es la única relación verdaderamente segura que podremos tener. Él es el único capaz de ser cien por cien fiel el cien por cien de las veces.

Gary experimentó esta realidad en medio de su adulterio. Dios nos persigue y trae de vuelta. Él siempre está ahí listo y disponible y capaz de restablecer esa relación que tanto desea tener con nosotros. Gary había cometido el error, el pecado, sin lugar a duda, dándole la espalda, pero Dios le persiguió todo el tiempo. Gary clamaba a Dios repetidamente: "¡Ayúdame, ayúdame!". Y Dios lo hizo. Él le dijo a Gary que la salida era confesar y arrepentirse, igual que le había dicho a la gente desde el comienzo de los tiempos. Él usó libros, sermones, conversaciones y otras muchas cosas. La respuesta siguió siendo cada vez más clara en la mente de Gary. La convicción de saber que la relación era pecaminosa no se iba. La verdad de que no había futuro para ninguna de las partes en una relación de pecado no se iba. Gary se vio atrapado en lo que él llama "el engaño de la confesión". Caía, clamaba a Dios y confesaba con la intención de no volver a caer nunca. Después, con el paso del tiempo, volvía a caer, y el ciclo se repetía. Dios siguió persiguiéndole. La verdad de Mateo 5:29-30 se hizo más clara: "Por tanto, si tu ojo derecho te hace pecar, sácatelo y tíralo. Más te vale perder una sola parte de tu cuerpo, y no que todo él sea arrojado al infierno. Y si tu mano derecha te hace pecar, córtatela y arrójala. Más te vale perder una sola parte de tu cuerpo, y no que todo él vaya al infierno".

El punto aquí es no la automutilación, sino que el pecado requiere medidas drásticas. Gary tenía que hacer algo drástico, o el pecado seguiría su curso en su vida. Tenía que separarse de su compañera y demoler el poder de la tentación y del secretismo. Dios seguía diciéndole a Gary: *Te cueste lo que te cueste, hazlo. Vuelve a mí; estoy aquí con los brazos abiertos.* Sólo después comprendimos el contexto de Mateo 5:29-30. Jesús estaba hablando sobre el adulterio en los dos versículos anteriores a estos.

Ser consciente de que Dios verdaderamente nunca nos deja

ni nos abandona (Hebreos 13:5) nos permitió experimentar la realidad de su suficiencia. Nuestra fe creció porque Dios nunca nos dejó.

Nuestra fe creció, porque aprendimos la verdad sobre el consuelo de Dios

En algún lugar, habíamos recibido la idea de que si Dios nos consuela, entonces el dolor desaparece y las circunstancias se arreglan solas. Mona una vez oyó a un orador en un retiro aclarar así esa falsa idea: "Dios promete consolarnos y confortarnos. El problema es que queremos estar cómodos". La verdad de esta declaración se afincó en este momento de nuestras vidas. Mona estaba enojada con Dios, esperando impacientemente a que Él nos confortase.

Cuando finalmente entendió la verdad —que Dios nos conforta y consuela *en* los problemas, no *fuera* de ellos—, vio cómo a menudo Él había estado ahí, consolándola. Como ese día en la iglesia, como más tarde ese día cuando finalmente pudo salir de la cama, y cada vez en el que Él había usado a alguien o algo para ayudarle a seguir adelante una hora más.

Todos queremos que el dolor se vaya. Queremos que se termine y poder recuperar nuestras vidas. El pecado verdaderamente es feo y penetrante. Afortunadamente, gracias a Jesús, Dios perdona nuestros pecados, y podemos tener una relación de amor con Él. Lamentablemente, las consecuencias de nuestro pecado permanecen. Algunas consecuencias serán temporales y, quizá, no demasiado severas. Otras consecuencias tendrán vida por sí solas, y sólo seremos liberados de ellas en las puertas del cielo. Sin embargo, durante todas ellas tenemos la promesa del consuelo de Dios. "Alabado sea el Dios y Padre de nuestro Señor Jesucristo, Padre misericordioso y Dios de toda consolación, quien nos consuela en todas nuestras tribulaciones" (2 Corintios 1:3-4). Nuestra fe creció, porque aprendimos la verdad sobre el consuelo de Dios.

Si no nos hubiéramos apoyado en Dios, habríamos sido zarandeados como una barquita de remos en medio de un huracán. Hemos observado a otras parejas en nuestros grupos pasando por situaciones similares. Nada de esto es fácil. Se necesita todo lo que uno tiene dentro para poder poner un pie delante del otro cada día. No existe una fórmula mágica, sino la absoluta y profunda verdad. Escoger creer la verdad es el fundamento de la fe. Esa verdad está disponible para todos nosotros en la Palabra de Dios. Él es fiel. Él es digno de confianza. Él es la roca sobre la que puede descansar nuestra fe.

Preguntas para considerar y conversar

1. Gary oró para que Dios le ayudara a salir de su pecado, pero esa ayuda no era lo que él esperaba. ¿Cuáles han sido sus expectativas para la ayuda de Dios en esta crisis?

2. Un orador al que Mona escuchó dijo: "Dios promete consolarnos y confortarnos. El problema es que queremos estar cómodos". ¿Está usted dispuesto a ser obediente a Dios aunque no esté cómodo?

3. Lea Hebreos 11. ¿Qué conductas de los siguientes individuos les capacitaron para estar en la lista de los que son parte de la "sala de la fe": Enoc (Génesis 5:21-24), Abraham (Génesis 12:1-4; 15:6), Rahab (Josué 2:8-16)?

4. ¿Cuál ha sido su definición de fe?

5. ¿Cómo es Jesús el ejemplo perfecto de la relación que Dios quiere con nosotros? Ver Lucas 22:42 y Juan 6:35-40. ¿Cree que hay gozo y paz en esa relación? ¿Por qué o por qué no?

6. ¿Ha puesto usted otras cosas o personas por encima de Dios? ¿Qué pensaba que estaban haciendo por usted?

7. ¿Qué significa 2 Corintios 12:9 para usted? ¿Puede compartir un ejemplo de esto de su vida?

8. Hable con su cónyuge de dónde están en su relación con Dios.

9. ¿Tiene más fe en usted mismo y en sus habilidades o en Dios?

10. ¿Cree que estará bien con Dios independientemente de lo que su cónyuge haga o deje de hacer?

4
Admitir nuestros papeles

El Señor está cerca de quienes lo invocan,
de quienes lo invocan en verdad.

Salmo 145:18

LA HISTORIA DE MONA
(Menos de un año después de la revelación)

Los intervalos entre las sesiones de consejería se me hacían como años. Nuestro consejero estaba ocupado, y a veces, nos costaba programar las citas todo lo frecuentemente que queríamos. De modo extraño, yo ni siquiera quería ir a consejería en un principio, pero ahora estaba deseando que llegara el día de ir. Era el único lugar donde realmente podíamos hablar sobre lo que había ocurrido con otra persona. Nuestras familias no lo sabían, así que teníamos que fingir que todo iba bien cuando estábamos con ellos. En la iglesia, aparte del pastor, el consejo directivo y un par de parejas que eran amigos íntimos, no sabíamos quién más sabía lo que estaba ocurriendo en nuestras vidas; y nosotros no sacábamos el tema, ciertamente.

Muchas veces deseé que hubiera habido pequeñas luces de neón en las frentes de quienes sí lo sabían. No estoy segura de qué bien hubiera hecho, pero yo quería saber desesperadamente quién sabía lo ocurrido en la parte más íntima de mi vida. ¿Qué pensaría la gente al verme? ¿Pensarían: *Pobre Mona. Ella no hizo nada para merecer esto?* ¿O pensarían: *Pobre Gary. Lo veíamos venir; debe de ser muy difícil vivir con ella?*

Sólo Dios sabía lo que pensaban de Gary. Él decía que podía saber quién lo sabía; especialmente las mujeres. Le trataban de modo diferente ahora, y no querían que sus esposos estuvieran con él. El hecho de que la compañera de Gary caminara dentro de las paredes de esa misma iglesia sólo servía para alimentar sus imaginaciones.

No, no había nadie con quien realmente pudiéramos hablar; sólo el uno con el otro y el consejero.

Necesitábamos ayuda del exterior. Era posible que ninguno de nosotros tuviéramos ya la capacidad de poder ver las cosas con claridad, y necesitábamos a alguien que tuviera alguna idea de aquello con lo que estábamos tratando.

Yo quería hacer esto bien. Quería que esto sirviera para algo. No quería pasar por este proceso desgarrador y terminar con un matrimonio con el que no me alegrara de haber salvado. La posibilidad de pasar por este dolor y tormento para ser parte de otra estadística era más de lo que yo podría soportar. ¿Y cómo íbamos a lidiar con los veinte años de matrimonio previos? ¿No sirvieron para nada? ¿Fue nuestro matrimonio una farsa desde el primer día? No podía creer eso. ¡Nos amábamos! ¡Habíamos sido felices!

Volví a traer mis pensamientos al presente y a enfocarme en la sesión de consejería de ese día. Aunque eran momentos muy dolorosos, al menos trabajábamos en el problema. Todos esos meses después, yo seguía teniendo dificultad para creer que estábamos pasando por todo eso. Me senté ahí mientras nos hacíamos todos los cumplidos de rigor, pensando: *Vamos, sigamos con esto; sólo tenemos cincuenta minutos.*

El consejero preguntó cómo nos iba. *¿Cómo nos va? ¿Qué piensa? Me han arrancado el corazón del pecho. Hay una herida sangrando que puede que se cure o que no. Gary se mira en el espejo y ve una persona despreciable, un mentiroso y un traidor. O al menos creo que eso es lo que ve. Miro a Gary, y ya no sé lo que veo.*

Dios, necesito un milagro aquí. Tú eres el gran Sanador. ¡Sánanos! Permíteme despertar de esta pesadilla. Estábamos sentados aquí respirando y, sin embargo, tan seguro como que el aire entra y sale de mis pulmones, yo sé que nos estamos muriendo. ¡Pero quiero saber por qué tengo que morir cuando el pecado no es mío! Yo no hice esto. Fue Gary. Ella lo hizo también. Sé que no fui la esposa perfecta, ¿pero quién lo es? Gary tampoco había sido un marido perfecto. ¿No es eso de lo que se trata el matrimonio, de amarse y respetarse a pesar de las imperfecciones?

Las conversaciones, tanto en mi mente como en la oficina del consejero, no iban como yo quería. Estábamos hablando de todo menos del adulterio. Recuerdo que en una sesión anterior el consejero me había sugerido un libro sobre la codependencia. Casi me reí en voz alta. Mis faltas eran en el control, no en la dependencia. Le miré y le pregunté: "¿Cree usted que soy codependiente?". De forma calmada me miró directamente y dijo: "Sé que lo es".

Bien, me había llevado ese libro a casa para demostrarle que estaba equivocado, pero lo leí y me di cuenta de que probablemente tenía razón. Yo no sabía que a las personas como yo se les llamaba codependientes. Siempre pensé que las personas codependientes eran las controladas, no las que controlaban. También había visto algunas cosas interesantes sobre mi relación con mi padre, cómo él me había instado a ocupar un papel en su vida que yo nunca debía haber ocupado. No era nada sexual, pero igualmente inapropiado. Eso era suficientemente interesante, pero eso no era por lo que estábamos allí, y yo no quería divagar de nuevo. Si él me volviera a dar otro libro, ¡me pondría a gritar!

El consejero tomó un libro de su estantería. Pero esta vez era una Biblia. ¿Cómo podía objetar yo algo ante ese libro? Decía ser cristiana, y que amaba ese libro, pero ya sabía lo que Dios ha dicho sobre el adulterio. ¿No se daba cuenta ese hombre de lo desesperados que estábamos de ayuda?

Abrió la Biblia y leyó Efesios 4:31-32. "Abandonen toda amargura, ira y enojo, gritos y calumnias, y toda forma de malicia. Más bien, sean bondadosos y compasivos unos con otros, y perdónense mutuamente, así como Dios los perdonó a ustedes en Cristo."

Esto no tenía nada que ver con el adulterio. Ni siquiera era sobre el matrimonio. Íbamos a recibir una lección sobre el perdón. ¿No entendía ese hombre la herida del adulterio?

Sacó una pizarra y escribió las palabras *amargura, ira, enojo, gritos, calumnias y malicia*. Después procedió a definirlas. Mi imagen de una pelea de taberna fue reemplazada por una imagen de una persona enojada, hirviendo por dentro, gritando, llorando, usando palabras que causaran daño. ¿Realmente necesitaba yo eso? Me vi a mí misma con demasiada claridad en lo que él dijo, ¿pero acaso no tenía yo derecho a sentir esas emociones? ¡Mire lo que me han hecho!

El consejero siguió hablando sobre patrones repetitivos y cómo la gente responde a ellos. Hablaba del dolor que causan esos comportamientos. *Espere un minuto; no estamos hablando sólo desde después de la revelación del adulterio, ¿verdad?*

Estamos hablando sobre cómo dos personas interactúan. Seamos sinceros; estamos hablando de mí. Estamos diseccionando a Mona como persona, a Mona como esposa. ¿Por qué soy yo la que tiene que ser examinada y revelada? ¡Yo no he cometido el adulterio! ¿No estoy sufriendo demasiado aún? ¿Va a golpearme hasta que sea un punto en el suelo? ¿Hasta que ya ni siquiera exista?

Dibujó dos monigotes y escribió las palabras *espíritu crítico* entre ellos. Nos dijo que sólo el Señor podía suplir todas las necesidades de otra persona; sin embargo, Él nos enseñaba en su Palabra cómo tratarnos unos a otros. El consejero pasó a definir *bondad, compasión* y un *espíritu perdonador*.

La convicción de ese dibujo, de esas definiciones, fue convincente. Yo no era una fiera, pero sí tenía un espíritu crítico. A veces salía, y quizá yo ni siquiera intentaba esconderlo en casa. Y más importante aún, yo sabía que Gary había experimentado mi espíritu crítico demasiado a menudo. Él pensaba que ya no era importante para mí.

Dios, por favor, dime que esto no sucedió debido a cómo le he tratado. Estaba demasiado cansada. Tenía tres hijos pequeños activos, uno de los cuales era un reto en cada situación. Tenía un trabajo estresante y demandante. En algún momento, me quedé sin recursos, sin deseo, sin amabilidad y compasión por mi marido. Había pensado que Gary me amaba y me conocía lo suficiente como para entender que nuestro tiempo llegaría más tarde. ¿Cuál era esa frase de la canción? "La vida es lo que ocurre mientras uno está ocupado haciendo otros planes."

¿Había transcurrido la vida de Gary mientras yo hacía planes para el futuro? ¿Habría llevado él sus "necesidades no suplidas" a otra persona? Como Mona había sido una mala esposa, ¿habría tenido que acudir el pobre Gary a otra persona? Sentí cómo la rabia crecía en mi interior. Sentí cómo me llenaba de indignación, y después, de repente, supe la verdad. *Oh Dios, yo no era así de mala ¿verdad? Yo no causé esto realmente, ¿cierto?* No recuerdo si de hecho verbalicé la pregunta, pero recuerdo la respuesta.

"Nunca habrá una razón suficientemente buena para lo que Gary decidió hacer. Nunca habrá una razón suficientemente buena para el adulterio."

El consejero siguió explicando que la decisión de Gary de cometer adulterio fue su manera de tratar nuestros problemas. Sin embargo, si realmente queríamos ser sanados, necesitaríamos identificar esos problemas y tratarlos juntos, de una forma saludable.

Yo me resistía. No quería mirar e identificar nuestros problemas como pareja. Ya había demasiado dolor solamente al tratar el adulterio, pero sabía que si queríamos sanar del todo, tendríamos que mirarnos a nosotros mismos, a aquello en lo que "nosotros" nos habíamos convertido. Teníamos que darnos el uno al otro esperanza de que este viaje valdría la pena.

Dios, dame la fuerza.

La historia de Gary

(Menos de seis meses después de la revelación)

"¿Dónde está el enojo?"

Miré a mi consejero cristiano, su cabeza inclinada hacia un lado, su ceño fruncido y una mirada muy decidida y reflexiva en su rostro mientras se repetía a sí mismo: "¿Dónde está el enojo?".

Esa era una de mis primeras sesiones a solas con él. Acababa de desahogarme diciendo: "¿Cómo he podido hacerle esto a una mujer tan ejemplar? ¿Cómo he podido ser tan egoísta?".

Pero él seguía mirándome fijamente y volvió a preguntar:

—¿Dónde está el enojo?

¿De qué está hablando? Yo soy el malo aquí. ¿Por qué se supone que tengo que estar enojado por algo? ¡Ni siquiera tenía derecho a estar enojado! Yo era el mentiroso. El embustero. ¡El adúltero!

Le pregunté qué quería decir, y él sonrió y me explicó:

—Simplemente no veo dónde está el enojo. Sé que está ahí, porque nadie hace lo que usted hizo sin él. Debe de estar enojado por algo que Mona hizo o dejó de hacer. No está siendo sincero con usted mismo si niega que ella tuvo algo que ver en todo esto.

—¡Espere un minuto!—dije—. Esto no es culpa de ella. Yo soy el que tuvo la aventura amorosa.

—Sí, usted lo hizo—confirmó él—,pero una relación es algo de dos. Si realmente quiere que su matrimonio sane, va a tener que dejar de culparse y comenzar a mirar su relación honestamente de arriba abajo.

Casi era la hora de terminar la sesión. Me dijo que me fuera a casa y buscara un poco en mi interior. Quería que me quedase a solas con Dios y le pidiera que revelara a mi corazón la verdad completa sobre la relación que Mona y yo teníamos.

Y así lo hice. Oré para que Dios me revelara la verdad. Mientras oraba, seguía pensando en una ocasión en que Mona y yo estábamos en la cocina. No recuerdo de qué estábamos hablando, pero teníamos a los perros y a los niños por allí también, como era habitual. El nivel de decibelios era un poco alto para mi gusto, pero es lo normal con tres niños escandalosos, así que tuve que aprender a vivir con ello.

Recuerdo llegar por detrás de Mona, mientras ella removía los espaguetis en el horno. Al colocar mis manos en su cintura, sentí su rigidez y me retiré. La miré, y ella me miró con el ceño fruncido. Me incliné para darle un beso, y ella se inclinó ligeramente hacia mí, sin cerrar sus ojos, y me dio un beso rápido de "abuela" con el cuello rígido en los labios.

—Nuestro tiempo llegará después—dijo.

Su reacción había picado mi corazón.

—De acuerdo—dije con una sonrisa de satisfacción, y volví a mi asiento en la mesa de la cocina. Realmente no había pensado mucho en ello, hasta una semana después cuando estábamos con unos amigos pasando el rato. Todos los niños estaban fuera jugando en la habitación familiar. Los cuatro adultos estábamos sentados alrededor de la mesa de la cocina, hablando y compartiendo historias sobre los rigores de criar a los hijos. Ella lo volvió a decir. "Nuestro tiempo llegará después." Esa vez realmente la escuché, y las palabras me cortaron como un cuchillo.

Entendí lo que ella quería decir. Estaba diciendo que, cuando los niños crecieran, cuando hubiéramos hecho las cosas importantes, una vez que todo lo que tenía un verdadero sentido en la vida estuviera hecho, entonces, y sólo entonces, habría tiempo para nosotros, para mí. Yo era el hombre de más abajo del tótem de su vida. Me pregunté cómo había llegado tan bajo en su lista de prioridades, y luego simplemente almacené los incidentes.

En ese entonces, racionalicé que ella probablemente no podría haberlo dicho como yo lo entendí, pero cuanto más oraba ahora, más volvían a mi mente esas imágenes, esas palabras. "Nuestro tiempo vendrá después." Siempre había creído que yo era el segundo, sólo después de Dios, en el orden de prioridad en su vida. Después los niños, y después todo lo demás. Pero quizá estaba equivocado.

Había llenado la memoria de esas interacciones con ella en

un lugar oscuro y escondido de mi corazón, donde se habían enconado. ¡Yo había estado enojado! ¡Ahora estaba enojado! ¿Cómo es posible que no hubiera visto esa verdad? ¿Podría ser esa una de las razones por las que había sido vulnerable al adulterio? ¿Me sentía tan poco importante en la vida de mi esposa que me permití a mí mismo convertirme en alguien importante para otra persona?

Cuando más pensaba en ello, más me daba cuenta de que había estado mintiendo bajo la superficie de mi mente. Mona tenía tiempo para todos los demás: los niños, su familia, sus amigos, su iglesia, su trabajo, su estudio bíblico, su vida social. ¡Todo y todos menos yo!

Espera un minuto. Si tanto me había importado eso, ¿por qué no fui a Mona, la senté y conversé con ella de corazón a corazón? Sabía la respuesta a esta pregunta. Yo soy la representación de alguien que evita el conflicto. Y en ese momento tan bajo de nuestra relación, ya teníamos bastantes problemas con nuestros hijos, y sentía que era mejor guardar mis sentimientos y preocupaciones muy dentro de mí e intentar olvidarme de ellos en vez de complicar más las cosas al intentar arreglarlas.

No sabía lo vulnerable que yo era. Nunca había tenido la intención de tener una aventura amorosa. Nunca pensé que la fuera a tener. Y entonces llegó una persona que me escuchó y se preocupó por mis problemas. Ella también tenía problemas en su matrimonio, así que podíamos ayudarnos mutuamente. Nunca tuvimos la intención de ser algo más que dos cristianos ayudándose el uno al otro en el terrible camino de ser un cónyuge desatendido. Un paso llevó a otro y a otro, y antes de que me diera cuenta de lo que estaba ocurriendo, nuestra "amistad" se había convertido en algo más. Me vi atrapado en una relación amorosa.

Aunque pensé en esas cosas, sabía que no tenía excusa para mi comportamiento. No hay una buena razón que sea suficiente para justificar el adulterio. Pero quizá esa era una de las razones que pude identificar al comenzar este largo y difícil proceso de buscar en el interior de lo que finalmente llamaría "pelar la cebolla": quitar las capas externas de nuestra relación para intentar comprender lo que nos había ocurrido. Intentando sanar.

Dios había comenzado revelándome toda la verdad por la que estaba orando. Nuestro consejero tenía razón. Yo estaba enojado.

La historia de admitir nuestros papeles

Siempre que llegamos a este punto en nuestros grupos, podemos ver las distintas reacciones en todas las caras. Casi podemos oír los pensamientos rebotando por las paredes. *¡Ni se le ocurra llegar a decirme que esto es culpa mía!*, piensa un cónyuge. Y la parte infiel pregunta: *Acabo de destruir nuestra relación, ¿y ahora se supone que debo sentarme aquí y decirle a mi cónyuge lo que no me gusta de él?*

Los dos están diciendo a su manera: "¡Aferrémonos a la realidad y hablemos del adulterio!". Lo mismo que Mona estaba pensando en la oficina del consejero.

A medida que hemos trabajado con parejas a lo largo de los años, hemos descubierto que es importante entender que hay dos áreas en la recuperación del adulterio.

Una es el adulterio mismo. Esa fue una decisión unilateral tomada por el infiel. Los dos tratarán con las consecuencias que produce esa decisión. Permítanos volver a asegurarle: no hay ninguna razón lo suficientemente buena para justificar el adulterio.

Pero la segunda área de recuperación trata del matrimonio

que el marido y la esposa han tenido, evaluar lo que era bueno y lo que tiene que cambiar. Admitir nuestros papeles en el declive de nuestro matrimonio no da la "respuesta" del porqué ocurrió el adulterio; y en algunos casos extraños, las raíces de la decisión de una persona de ser infiel son mucho más profundas y vienen incluso antes del matrimonio. Pero muchos de nosotros nos beneficiamos de mirar cuáles son nuestros papeles en el matrimonio. Esta es una oportunidad para evaluar los comportamientos, actitudes y respuestas que han dejado que existan en su relación, algunas de las cuales no eran ni son buenas para un matrimonio saludable. Ninguno de nosotros ha sido el cónyuge perfecto. La recuperación del adulterio nos ofrece una oportunidad de tratar esos asuntos mientras Dios tiene nuestra atención.

Tan cierto como que Dios nos enseña en su Palabra cómo tratar a otras personas, también nos dice cómo manejar los problemas con la gente. Quizá si fuéramos más sabios, nos enfocaríamos en lo primero y no tendríamos necesidad de lo último. Pero somos personas, y las personas cometen errores. La gente hiere las personas más cercanas a ellos, y si usted está leyendo esto, probablemente haya tenido algunas heridas significativas en su matrimonio. A veces, las heridas más grandes se consiguen no diciendo nada o por nuestras reacciones cuando se ha dicho algo.

Cuando nuestros hijos eran pequeños y uno de ellos se hacía un rasguño, Mona la enfermera siempre le tomaba y lavaba el corte. Nunca era algo divertido. Lavar una herida duele. Nuestro hijo quería que le dejáramos tranquilo o, como mucho, que pusiéramos la herida debajo del agua, pero nunca quería que su madre la tocara. Mona entonces le explicaba que si quería que le doliera mucho más, podía dejarlo así y dejar que se infectara. La decisión era un poco de dolor ahora o mucho dolor después; la decisión era de él.

Nosotros tenemos la misma opción una y otra vez en nuestros matrimonios: un poco de dolor ahora o mucho dolor después. Muchos de nosotros escogemos mucho dolor después, y a menudo, somos heridos más de lo que quisiéramos. *Esto no suena bien,* quizá esté usted pensando. ¿Cómo ayuda el mirar atrás a sanar un matrimonio después de un adulterio? Ofrezcamos lo que hemos aprendido sobre "limpiar las heridas" que le ayudará en su viaje hacia la reconstrucción de su matrimonio.

Todos los matrimonios tienen sus problemas. Usted tuvo problemas en su matrimonio antes del adulterio, y siempre tendrá problemas después del adulterio. La diferencia estará en cómo y cuándo lidie con esos problemas. Algunos de los mayores problemas que tuvimos, como el lugar que Gary ocupaba en la lista de prioridades de Mona, necesitaban una atención inmediata. Pero algunos tan sólo necesitaban ser discutidos y dejar que existieran en nuestra relación. El punto es mantener al mínimo las cosas que tienen el potencial de separarnos.

Por ejemplo, a veces esperamos que otros hagan cosas que no tienen la habilidad de hacer, y a pesar de ello, se lo pedimos como si fuera la única prueba de su amor aceptable para nosotros. En nuestro caso, Mona quería que Gary planeara sorpresas. Ella sentía que Gary podía mostrarle lo mucho que la amaba tomando tiempo para hacer algo por ella, simplemente porque él sabía lo mucho que a ella le agradaba eso. Quería que él cuidara de todos los detalles, y que lo hiciera bien. Para su cumpleaños, diez meses después de la revelación, íbamos a ir a la playa a pasar el fin de semana. Mona quería que Gary lo planeara, y él se ofreció a hacerlo. Esa sería una forma nueva en la que él podría mostrarle su amor. El resultado final fue que ambos estábamos sentados en nuestra cama la noche antes de salir, llorando, sin ninguna reserva de hotel hecha. Todo lo bonito estaba ocupado. Gary se sintió mal, como un fracasado una vez más. Mona estaba desilusionada, porque su ideal de fin de semana no se materializó.

Al final fuimos, nos quedamos en un lugar muy normal, y aclaramos una parte de nuestra relación: Gary no es un buen planificador. Nunca lo ha sido. Mona sí lo es; es detallista y piensa en todas las cosas. Ni la falta de planificación de Gary ni la habilidad de Mona de planificar tenían nada que ver con nuestro amor el uno por el otro. Por tanto, Mona se convirtió en la planificadora oficial para la familia. Ya no se ofendería por la falta de planificación de Gary, y él no consideraría la planificación de ella como un asunto de control. Ambos discutían las ideas, ella hacía la investigación y regresaba para la discusión y el común acuerdo, y luego cerraba el plan. Desde entonces ha funcionado bien.

El punto es que no todos los problemas se resolverán como uno tiene en mente. Sin embargo, tienen que discutirlos. Se necesita una conversación honesta y algunos cambios en nuestra manera de pensar para poder entender las expectativas del otro sobre el asunto de la planificación. Usted tendrá que hacer lo mismo con sus problemas, y no se preocupe si nadie más ha resuelto el problema de la manera en que ustedes lo han hecho. Si su solución funciona para su relación y los dos están de acuerdo, deténgase ahí.

Intentar discutir problemas de relaciones cuando uno está cansado, enojado o dolido no tiene sentido. Aparte un tiempo y esté dispuesto a trabajar en un problema cuando no esté inmiscuido en él. Y sí, quizá no sea lo más divertido que puedan hacer como pareja, pero creemos que facilitará muchos más momentos divertidos a largo plazo. Piense en ello como desactivar una bomba que a Satanás le encantaría poner en su casa. Obviamente, no todos los problemas serán cosa de una sola conversación. Es un plan para un matrimonio para toda una vida; y sólo ustedes dos pueden realmente decidir qué problemas podrán existir en su relación y cuáles tendrán que tratar y eliminar.

Escuche a su cónyuge y asegúrese de entender lo que está diciendo. Sólo porque no esté de acuerdo con su percepción de algo, no significa que esté equivocado. A veces, no nos oímos muy bien a nosotros mismos. Mona realmente no comprendía lo que estaba comunicando a Gary cuando decía: "Nuestro tiempo vendrá después". Pero lo que ella quería decir no era tan importante como lo que Gary entendía. Lo que Gary oía y entendía era que él realmente no importaba, y eso se convirtió en su realidad. Mona se sentía agobiada con sus responsabilidades del momento, y pensó que Gary entendería que quería prestarle atención cuando realmente pudiera enfocarse en él (sin la distracción de la familia y el trabajo). Ella no estaba tomando una decisión consciente de poner a Gary abajo del todo en su lista de prioridades. Ocurrió de forma insidiosa, mientras esperaba la oportunidad de enfocarse en Gary. Mona no se despertó un día y dijo: "No me importa Gary", al igual que Gary no se despertó un día y dijo: "Creo que hoy voy a tener una aventura amorosa para destrozar mi vida". Ambos hicieron una elección que al final demostró no ser sabia y dañina para su matrimonio.

Se ha dicho que si Satanás no puede hacerle pecar, le mantendrá ocupado. Este es el caso más común en casa y en nuestros matrimonios. La indiferencia es el mortero que puede solidificar un muro entre dos personas, quienes puede que un día recuperen los sentidos y se encuentren con una barrera impenetrable.

Usted puede evitar construir muros y eliminar los malentendidos preocupándose por sacar a la luz asuntos que encuentre problemáticos, para expresar honestamente cómo ve las cosas. Preocúpese de escuchar sin ponerse a la defensiva. Preocúpese de encontrar una manera para llegar el uno al otro. Usted ya sabe lo que puede ocurrir cuando intenta evitar el dolor. Esté agradecido por el poco dolor de ahora, pero dé a su cónyuge la consideración que le comunique: "Te valoro tanto como para escuchar tu perspectiva aunque no lo veo de la misma manera". Y luego hágalo. ¡Escúchele!

Todos queremos expresarnos. Todos queremos explicar por qué la situación realmente no es tan mala como la otra persona lo ve, por qué realmente no queríamos decir lo que nuestro cónyuge piensa que quisimos decir. Queremos arreglar el malentendido o incluso negar el error. Ese enfoque probablemente no resolverá los problemas. Si su cónyuge percibe un evento o conversación de forma diferente a la de usted, la percepción que él o ella tiene es real y requiere su respeto. Sin embargo, no les hace estar a ninguno de los dos bien o mal.

Cuando ambos entienden el problema —cuando se han oído el uno al otro—, juntos pueden encontrar una solución que funcione para ambos. Según aprendíamos a escuchar y respetar al otro, había momentos en que Gary abandonaba algo que no era tan importante para él, porque el punto de vista de Mona sí era importante para ella. A veces, era al revés; quizá Mona estaba de acuerdo en no tomarse las cosas de manera personal y soltar las cosas que no eran tan importantes para ella. Ambos aprendimos a ser flexibles donde podíamos; y cuando los dos sentíamos que el asunto era importante, seguíamos trabajando en ello hasta que encontrábamos una solución con la que ambos nos sintiéramos bien.

El punto es que este es su matrimonio; los dos tienen que vivir con sus decisiones, así que la situación no se resolverá hasta que ambos estén de acuerdo en que está resuelta.

No esquive los problemas

Lamentablemente, hemos tenido parejas en nuestros grupos que siguen evitando los problemas que se enconan en su relación. Se aferran al enojo y dolor causados por la infidelidad y no están dispuestos a escuchar o a hablar con sus cónyuges sobre los problemas. "Nunca cambiará", dicen. Tristemente, hemos tenido parejas que han pasado por nuestros grupos y han negado tener problemas. Sin embargo, después de pasar un tiempo intensivo en nuestros grupos, es fácil para nosotros ver algunos de los problemas desde el otro lado de la mesa. Nuestros corazones se duelen, y oramos para que Dios les revele cualquier obra que se necesite hacer.

A veces, un mal momento se interpone en el camino de las parejas que están confrontando un problema. Inmediatamente después de la revelación, las emociones son un torbellino y una sobrecarga. Los corazones están abiertos y heridos. Revisar los papeles en el matrimonio, o problemas en la relación, se puede hacer después cuando se hayan recuperado un poco.

Sin embargo, seamos cautos. Aunque puede ser fácil acomodarse y darle la bienvenida a cualquier apariencia de normalidad, no se deje atrapar por el error de creer que ha tratado los problemas. Muchas veces, los problemas con los que lidiará pueden llevar un tiempo hasta que salgan a la superficie, y no se arreglarán con una o dos conversaciones. Le animamos a no perder de vista la necesidad de confrontarlos.

Uno de los problemas más comunes que vemos está en el área de controlar los comportamientos. Es un problema enorme, pero puede presentarse en formas muy variadas. A veces, controlamos con enojo: si nos enojamos y gritamos, la otra persona abandona. A veces, controlamos con una sonrisa y una actitud de conmiseración, pero no cambiamos y raramente escuchamos. A veces, controlamos haciendo justamente lo que queremos sin discutir, y luego tratamos más tarde las consecuencias.

Un matrimonio es una asociación equitativa, y si cualquiera de los cónyuges se siente controlado, normalmente se produce resentimiento. Cuidado, mucho cuidado con lo que ocurre si no trata esos problemas.

No importa cuál fuese su papel en el adulterio —infiel o cónyuge—, reconstruir su matrimonio requiere que sea honesto con los problemas. Resista la tentación de evitar tratar los comportamientos, actitudes y respuestas que han permitido que existan en su relación y que no llevan a un matrimonio saludable. Ambos tienen el derecho y la obligación de revisar sinceramente los papeles que cada uno desempeñó porque lo que quieren es un matrimonio que puedan disfrutar y del que puedan beneficiarse. Lidiar con esos problemas ahora puede aportarle grandes dividendos, y quizá ambos tengan nuevos oídos y ojos para evaluar su contribución.

Los problemas sin resolver le seguirán dondequiera que vaya.

Confíe en que Dios le ayudará a encontrar nuevas formas de tratar los antiguos problemas. Él les llevó durante la revelación, y puede llevarles durante todo lo que resta.

Finalmente, no tenga miedo de volver a algo después de pensar que ya había lo tratado. Volver a un problema no significa que su matrimonio se esté tambaleando; simplemente significa que ahora es usted consciente y que se preocupa por mantener sana su relación. Puede que necesite aclarar un punto en particular, o quizá tan sólo quieran comprobar entre ustedes si su solución sigue siendo satisfactoria para ambos.

El hecho es que ninguno de nosotros tuvo una lobotomía después del adulterio, y algunas de las cosas que contribuyeron a nuestros problemas fueron nuestras personalidades. Seguimos siendo las mismas personas, sólo que más dispuestas a trabajar juntos por el bien de nuestra relación.

Su relación matrimonial es la relación humana más importante que tiene. Se merece cada gramo de energía y amor que pueda aportar a ella.

Preguntas para considerar y conversar

1. Después de leer la historia de Mona y Gary sobre admitir sus papeles, ¿puede ver la necesidad de que esto sea parte de la recuperación del adulterio? ¿Por qué o por qué no?

2. El consejero dijo: "Nunca habrá una razón suficientemente buena para el adulterio". ¿Cree que esto es cierto?

3. ¿Puede separar los problemas del adulterio y del matrimonio y tratarlos individualmente? ¿Por qué o por qué no?

4. Mona sólo quería tratar el problema del adulterio. ¿Por qué es una buena idea no limitar su recuperación a ese problema?

5. Primera de Corintios 7:28 dice: "Sin embargo, los que se casan tendrán que pasar por muchos aprietos". ¿Por qué cree que esto es cierto?

6. ¿Ha sido capaz de identificar un problema en su matrimonio que tenga que tratar? ¿Está su cónyuge de acuerdo?

7. ¿Es difícil para usted sacar a la luz un problema? ¿Qué podría hacer su cónyuge para ayudarle?

8. ¿Qué le asusta más, tratar un problema o no tratarlo?

9. ¿Es el control un problema en su matrimonio? ¿Pueden ambos describir cómo se sienten cuando ocurre?

10. Lea Efesios 4:2-3. ¿Cómo podría aplicar esto a tratar juntos los problemas?

5

No retroceder nunca

Voy a escuchar lo que Dios el Señor dice:
él promete paz a su pueblo y a sus fieles,
siempre y cuando no se vuelvan a la necedad.

Salmo 85:8

LA HISTORIA DE GARY

(Menos de un año después de la revelación)

El spa en nuestro piso se había convertido en un lugar diferente en los últimos meses. Lo que solían ser tiempos familiares con los niños se habían convertido en tiempo en pareja donde Mona y yo intentábamos trabajar y poner orden en el caos de nuestras vidas. Una noche de spa en particular desató un punto de inflexión para nosotros.

Había llovido al comienzo de la noche, y salía vaho lentamente del agua. Me sentía como una ciruela pasa porque habíamos estado allí durante más de una hora, "hablando" nuevamente de todo. Podía ver que cada pregunta que ella me hacía y cada respuesta que yo daba caminaban penosamente cada vez más hacia el fondo del pozo de la depresión.

Me estaba preocupando cada vez más por si alguna vez conseguiría ella salir de ahí. Sabía que Dios estaba con nosotros, pero no sabía cómo íbamos a salir de esa horrible oscuridad.

Yo oraba: *Señor, ¿qué hago? ¿Cómo le respondo? ¿Debo ser sincero? ¿Aunque le duela?*

Dios me respondió con otra pregunta: *¿Quieres volver atrás?*

¡No! Esa fue una pregunta que no tuve problemas en contestar. La manera en que funcionaba nuestro matrimonio no había sido lo suficientemente buena como para salvarnos de esto. La manera en que iba no evitó que yo me apartase. ¡Claro que no quería que nuestra relación volviera a ser como había sido hasta ahora! Si íbamos a pasar por el dolor y la agonía de llegar hasta el fondo de los verdaderos problemas de nuestra relación, preguntando y respondiendo honesta y desgarradoramente las preguntas que surgían para sanarlo de verdad, entonces no podía tomar el camino fácil ahora. Había tomado el camino fácil al no tratar nuestros problemas, y eso nos había llevado a este lugar. Sabía que no quería llegar de nuevo aquí.

Mona interrumpió mis oraciones y pensamientos, haciéndome la pregunta que más había temido que me hiciera, la pregunta que requería una respuesta que yo sabía que probablemente ella no entendería. "¿Volverás a hacer esto otra vez?"

"¡No, por supuesto que no!", debería haber sido mi respuesta inmediata. Pero no pude decirlo, así que dudé. Quería ser sincero al cien por cien en todas mis respuestas de aquí en adelante. Nunca pensé que pudiera cometer adulterio en mi vida, así que ¿cómo podía saber que no lo volvería a hacer? No podía predecir el futuro. Nunca había creído que alguna vez fuéramos a tener que lidiar con un adulterio. Yo había prometido fidelidad en nuestra boda con gran sinceridad, y no había cumplido mi promesa. No quería volver a hacer una promesa que no pudiera cumplir. Intenté explicar mi duda, pero fue demasiado tarde.

Ella se enfureció al instante, y me gritó: "¿No *puedes* decirme que no lo volverás a hacer?".

Seguí intentando explicarme. "No conozco mi futuro, y si voy a ser totalmente sincero contigo, no puedo decir lo que ambos queremos oír".

Eso no fue suficiente. Se levantó del spa y entró dando un portazo en casa, llorando. Tras cerrar el spa, finalmente me encontré con ella en la habitación. Estaba en la cama, con las luces apagadas, y la habitación totalmente en silencio. Intenté hablar, pero ella no me respondía. Estaba cerrada interiormente, y totalmente hundida en su propio abismo.

Me temía lo que estaría pensando. ¿Cómo podía yo ser sincero y no causar más dolor? Tras intentar una y otra vez sacarla de su silencio, finalmente me rendí. Quizá el tiempo y el descanso ayudarían.

La mañana trae un nuevo día, pero no esa mañana. Me desperté junto a una mujer emocionalmente despegada de mí y de todo el mundo. No dijo una sola palabra excepto lo estrictamente necesario para preparar a los niños para la escuela. Cuando estuvieron listos, yo los llevé a la escuela y regresé a casa.

Apenas entré por la puerta cuando dijo: "¡Tenemos que ir al consejero ahora!". Nunca la había visto así. Estaba dura como el acero, fría y decidida. "O consigues tú la cita o la consigo yo", dijo. "De hecho, ni siquiera es necesario que tú vayas. Voy yo".

Intenté hablar sobre la conversación sin terminar de la

noche anterior, pero ella me detuvo antes de que pronunciara cinco palabras.

"Muy bien. De acuerdo, ¡yo sacaré la cita!", dijo.

Le aseguré que yo quería ir con ella, así que yo fui el que llamé. Le dije a la encantadora recepcionista del consejero que necesitábamos una cita para hoy, y que no estaba bromeando. "Tiene que ser hoy, o de lo contrario quizá no habrá otra ocasión". Me pusieron a la espera, y en cuestión de segundos regresó. "Hemos tenido una cancelación. ¿Está bien a las diez?".

"Perfecto", respondí, y le di gracias a Dios por esa provisión.

Sólo faltaban un par de horas para las diez, pero se me hizo una eternidad. Me resistía a la urgencia de encender la radio para ahogar el silencio en el viaje hasta la oficina. Creo que estuvimos en la sala de espera sólo unos treinta segundos antes de que se abriera la puerta y saliera nuestro consejero, sonriendo. Echó una mirada a Mona y su expresión se vino abajo.

Una vez dentro de su oficina, Mona ni siquiera dio tiempo a las formalidades.

—¡No puede decir que no lo volverá a hacer! Yo no puedo con esto. No creo que vayamos a conseguirlo. Creo que debemos separarnos.

Entonces se desmoronó.

—¿Por qué no me puede decir que no lo volverá a hacer?— Las lágrimas corrían por su rostro.—¿Por qué?

El consejero dirigió su atención a mí.

—Gary, ¿estás pensando en volver a cometer adulterio?

Yo respondí sin ninguna duda:

—No, ¡por supuesto que no!

—¿Entonces por qué no puedes decirle que no lo volverás a hacer?

Yo comencé a explicarles.

—No quiero volver a la situación anterior. No voy a decirle a Mona lo que creo que quiere oír o a no decirle algo que quiero decir, sólo para evitar su reacción. Sólo voy a decirle a Mona toda la verdad. No puedo predecir el futuro, por tanto no puedo decir con absoluta sinceridad que nunca más volveré a hacerlo. Antes pensaba que esto es algo que yo nunca haría.

Observé a nuestro consejero relajarse por un momento. Luego, sin dudar, repitió su pregunta:

—¿Estás planeando volver a hacer esto?

—No, ¡claro que no!—dije enfáticamente.

Entonces se dirigió a Mona.

—¿Oyes lo que Gary está diciendo?

Yo la miré mientras su agobiada y preocupada mente intentaba asimilar lo que estaba ocurriendo. Vi una sensación de entendimiento floreciendo en su rostro.

Oh, Mona, por favor entiende. No estoy diciendo que no pueda decirte que nunca más lo volveré a hacer porque quiera darme permiso para hacerlo. Sólo quiero ser totalmente sincero contigo y conmigo. No quiero romper otra promesa que te haga nunca más. Quiero algún día ser capaz de hablar contigo honestamente y no ver que el dolor te envuelve. Quiero que sobrevivamos. No puedo volver a ser el que era; por tanto, nunca podremos volver a lo que éramos.

La historia de Mona

(Menos de un año después de la revelación)

"¡No volveré a pasar por esto otra vez! ¿Me oyes? ¡Nunca, nunca pasaré otra vez por esto!"

La voz estridente, apasionada y alta que oí era la mía. Estaba furiosa, y gritarle a mi marido parecía la única manera de hacerle saber cómo me sentía. Gary parecía muy cansado, y nuestros tres hijos estaban en una habitación cerca, seguramente aterrados e inseguros de cómo responder a mi diatriba.

¿Qué le había pasado a nuestra familia? ¿Qué me estaba ocurriendo a mí? Fui dando voces por el pasillo hasta mi cuarto y cerré la puerta, arruinando nuevamente cualquier oportunidad de tener una noche "normal".

Desde la noche en que Gary me había contado lo de su adulterio, el tiempo se había recompuesto sólo. Ahora estaba todo dividido en "antes de la aventura amorosa", "durante la aventura amorosa" y "después de la aventura amorosa". No sabía qué tiempo era el peor.

Antes era una farsa, un fraude que yo había perpetuado. ¿Me había amado alguna vez? ¿Qué más había sido una mentira?

Durante no fue nada salvo que me había mentido y ser estúpida. ¿Cuántas veces y de qué formas había yo dado a entender o incluso comentado el buen matrimonio que teníamos con mi "amiga", su compañera?

Después era un infierno. Simple y llanamente. Dolor, cada día, todos los días. Me sentía incapaz de ser una buena madre, una buena amiga, una buena nada. Siempre que había un momento de alivio de todo eso, me aseguraba de que no fuera largo.

En mi cerebro cansado sólo había tres alternativas: mentirme a mí misma, que me mientan o dolor. Si no había dolor, entonces alguien debía de estar mintiendo. Al menos el dolor era real. En uno de sus libros, la escritora Barbara Johnson escribió sobre un hogar para los desconcertados. Ahí era donde yo debía ir. Mis lágrimas sobrepasaron con mucho a mis sonrisas durante un largo periodo de tiempo.

¿Cuánto tiempo había sido así todo? Podría decirle exactamente cuánto tiempo había transcurrido desde la noche en que Gary entró en nuestro dormitorio y confesó su aventura amorosa de tres años con mi mejor amiga cristiana. Lo que no sabía era cuánto más duraría el dolor. ¿Cuánto más podría aguantar nuestra familia?

Gary estaba listo para hacer las paces; lo necesitaba. Pues bien, lo siento. Mi paz también se había ido, ¿pero qué hay de mis hijos? ¿No se merecían ellos algún tiempo sin desorden? ¿Iba a vivir yo una mentira por mis hijos? Todo era muy intenso. No podía pensar más. Ni siquiera podía cuidar de mis hijos. Me estaba volviendo loca. Si el adulterio de Gary no nos destruyó, parecía que lo iba a hacer mi locura.

Tenía el día libre en el trabajo y debía hacer algo de limpieza. La vida sigue y la suciedad se sigue acumulando aunque una se esté desmoronando.

Después de llevar los niños a la escuela, comencé con mis tareas domésticas. Comencé por los baños. Tres chicos hacen que el baño sea para mí una prioridad.

Un baño hecho. Mientras recogía mis artículos de limpieza, de nuevo sentí la debilidad en mi cuerpo. Estaba muy cansada. Me preguntaba cómo le iría a Gary en el trabajo. ¿Estaría él cansado? ¿O quizá era capaz de concentrarse en el trabajo y dejar a un lado toda su carga emocional? Cómo me gustaría poder hacerlo.

Después volvió a ocurrir. Les "vi" juntos. Gary y su compañera. Una escena tras otra. Conversaciones que imaginaba que habían tenido. Toques que imaginaba que habían compartido.

Detenlo. Detenlo. No puedes ir ahí.

Me senté en la cama y le di libertad a los pensamientos. ¿Estarían reunidos? ¿Habrían hablado? ¿La echaría él de menos?

Mis lágrimas fluían y el dolor me oprimía el pecho.

Tras un momento, sacudí mi cabeza furiosamente y salté de la cama. *No. No. ¡No! ¡No haré esto! ¡No me dejaré consumir por esto!*

Sabía que Dios quería que mi matrimonio sanara. Sabía que Gary y yo queríamos que sanara. También sabía quién no quería que sanara. El ataque de Satanás contra mi mente era claro, pero yo estaba cansada de luchar.

Cuando Gary llegó a casa, la cena estaba lista y los niños tenían hambre. Nos sentamos juntos a la mesa, y la conversación comenzó a fluir.

Todo parecía muy normal. Las descripciones de una estructura de Lego que había construido nuestro hijo mayor. Un breve informe de actividades del día. Un poco de llamar la atención de nuestros dos hijos menores. Una petición para esa historia nocturna. ¿Podían ver una serie de televisión? No hablen con la boca llena. Siéntense y coman. ¿Qué fue lo mejor de la escuela hoy? Yo lo observaba todo como si le estuviera ocurriendo a otra persona. Un padre y sus hijos, comiendo y hablando. Sonriendo, riendo. Estaba empezando a sentir nauseas.

Tras la cena, los chicos se fueron a hacer sus deberes y a prepararse para ir a la cama. Gary y yo recogimos juntos la mesa, como solíamos hacer. Él se detuvo y me miró, preguntándome si me encontraba bien. ¿Pensó por un momento que podía estar bien? Dijo que ya no sabía cómo ayudarme. Yo dije que no podía fingir que estuviéramos bien, porque no lo estábamos, y si empezaba a fingir, entonces estaríamos viviendo otra vez una mentira. Y luego, algún tiempo después, él podría volver a entrar en mi cuarto y destruir la familia, destruir lo que quedaba de mí. Entonces declaré que no podría volver a pasar por esto.

Así que ahí estaba yo. Tras la puerta cerrada de mi dormitorio en agonía, escuchando a mi familia, escuchando los sonidos de la gente de la que me sentía tan lejos como si nos separase un océano.

Dios, ¡ayúdame! No puedo volver a la vida que teníamos. ¡Había sido una mentira que yo pensaba que era verdad! En todo eso había algo más que el adulterio de Gary y nuestro matrimonio. También estaba yo. ¿Quién era yo? ¿En quién me convertiría? ¿Cómo podíamos (yo) volver a ser una pequeña familia cristiana feliz? ¿Y cuál era la alternativa? ¿Un trastorno constante? ¿Dolor interminable? *Dios, es una situación muy desesperada. ¡Ayúdame a encontrar la salida!*

La historia de nunca volver atrás

Éramos extremos en nuestras reacciones de "no volver atrás". Costó tiempo trabajar en todas estas emociones para convertirlas en una resolución saludable de no volver atrás a lo que no nos había funcionado desde un primer momento.

Mona tuvo que tratar el asunto de qué hacer con la parte del "antes" del matrimonio. ¿No valió la pena? ¿Había sido todo una farsa? ¿Qué iba a hacer con nuestros años de matrimonio antes de la aventura amorosa?

Y Gary tuvo que lidiar con el asunto de su deshonestidad: su capacidad de mentir de manera convincente, algo que ninguno de los dos comprendimos que él podía hacer.

Y ambos tuvimos que tratar nuestra capacidad de mentirnos a nosotros mismos y no hacer caso de las señales de aviso.

Por tanto, ¿a qué nos referimos con "no retroceder nunca"? Claramente, ninguno de los dos sabía lo que eso significaba desde el principio. La recuperación del adulterio es agobiante, absorbente. Es raro que una persona pueda pensar claramente bajo esas circunstancias. El único pensamiento claro que teníamos los dos era que no íbamos a malgastar la oportunidad de sanar verdaderamente nuestra relación. Ambos acordamos fervientemente que no asfaltaríamos esta carretera del todo hasta que no estuviéramos seguros de que la base estaba establecida firmemente. Los principios de "no retroceder nunca" que siguen nos ayudaron a reconstruir los apuntalamientos de nuestro matrimonio, y confiamos en que también le ayudarán a usted.

No volver a creer nunca que no podemos caer

Lo primero que decidimos fue que nunca volveríamos a pensar que alguno de los dos era inmune a caer en el adulterio. Nuestra engreída creencia de que teníamos un matrimonio que era impenetrable para los de fuera la quitamos permanentemente. De lo que nos dimos cuenta fue que ningún matrimonio está asegurado contra la intromisión. La seguridad de que este es un área en la que nunca podríamos caer es una mentira para todas las parejas que lo creen. La gente buena peca. La gente buena cae. Los buenos matrimonios tienen problemas.

El adulterio es una oportunidad igualitaria de pecar. Transciende la condición social, la inteligencia, la edad, la raza, la religión y la madurez espiritual. Muchos de nosotros no queremos creer eso, especialmente en cuanto a lo de la madurez espiritual, pero piense en los líderes espirituales que han caído.

La verdad es que toda la gente puede caer. Bajo las circunstancias apropiadas y la persona adecuada y la oportunidad correcta, cualquiera puede cometer adulterio. De hecho, Dave Carder ha escrito un libro detallando cómo puede ocurrir. En *Close Calls! What Adulterers Want You to Know About Protecting Your Marriage* describe lo fácil que esto puede ocurrir y de hecho ocurre.

Si eso es cierto, ¿entonces qué puede hacer para ser menos susceptible? Primero y más importante, ore. Pídale a Dios que le revela verdad sobre su matrimonio que pueda no estar viendo, y esté dispuesto a tomar el tiempo y la energía para tratar los problemas antes de que se hagan fuertes. Luego, creemos que usted es más consciente de las circunstancias "apropiadas" a medida que abre sus ojos y oídos y presta atención a los avisos que Dios es fiel en darnos. Todos tenemos áreas diferentes de debilidades. Usted se vuelve más consciente de la persona "adecuada" al evaluar los comportamientos y actitudes expresados por usted mismo, su cónyuge y otros. A veces, "no" es la mejor respuesta. Y usted discierne mejor las oportunidades "correctas" y nunca más las vuelve a permitir. Como dijo Pablo en 1 Corintios 10:23: "Todo está permitido», pero no todo es provechoso. «Todo está permitido», pero no todo es constructivo". Hablaremos más sobre esto cuando hablemos de las protecciones en el capítulo 11.

También creemos que una vez que un matrimonio ha pasado por una relación de adulterio, ya sea sexual o emocional, ambas partes en esa relación son más susceptibles a caer la próxima vez. No estamos diciendo que eso sucederá, sólo que es más susceptible a la tentación. Su unidad ha sido rota por otro, y Satanás puede y torcerá la verdad, tentándole a creer que como el daño ya se ha producido, será permanente. Esos pensamientos llegarán en un momento oportuno, quizá cuando usted se esté sintiendo solo y aislado o cuando sea vulnerable y de repente se sienta apreciado y cuidado por otra persona. El punto es: nunca crea que usted o ningún otro no es vulnerable al adulterio.

No volver a los viejos hábitos

Segundo, decidimos que nunca volveríamos a los viejos hábitos que nos ayudaron a emprender este viaje.

Desarrollaríamos hábitos nuevos y más saludables en nuestro matrimonio. Por ejemplo, comenzamos a dedicarnos tiempo el uno al otro, sólo para divertirnos juntos. También apartamos tiempo para tener conversaciones profundas sobre el futuro, sobre nuestros sueños y esperanzas para nosotros como pareja y para nuestra familia.

Pero antes de eso, tuvimos que identificar nuestros hábitos negativos y eliminarlos de nuestra relación. Un hábito en particular era extremadamente destructivo. Siempre que Gary sentía que Mona no le deseaba sexualmente, se retiraba emocionalmente en un intento de "darle espacio y una oportunidad de desearle". Mona percibía su retirada como que él no la deseaba, y entonces se retiraba "hasta que él la volviera a desear". Por supuesto, con el paso del tiempo, ambos terminábamos sintiéndonos no deseados por el otro y heridos a consecuencia de ello. Cada palabra y acto parecía recalcar esta creencia.

Afortunadamente, pudimos actuar como adultos el tiempo suficiente para descubrir lo que estábamos haciendo. De hecho, fuimos capaces de reírnos de nosotros mismos y descubrir formas nuevas y eficaces de comunicar lo que estábamos sintiendo y lo que cada uno quería. Y nunca volveremos a considerar el hecho de no sentirnos deseados como algo infantil o egoísta. No volveremos a ese viejo hábito.

Llevará algún tiempo y energía identificar los caminos muy desgastados de su matrimonio. A menudo la clave es que uno de los dos se siente distanciado del otro. Cuando comience a sentirse así, tome la iniciativa de hablar con su cónyuge para ver si él o ella pudieran estar sintiéndose igual. Pregúntense qué palabras o actos produjeron esos sentimientos. ¿Se ha sentido así anteriormente? ¿Eran las circunstancias similares? Ahora es el momento de descubrir las dinámicas que posiblemente hayan creado un patrón destructivo en su relación.

Una vez que haya identificado un patrón malsano, decida cómo lo contrarrestará. Puede comenzar rechazando cualquier cosa que les esté distanciando. ¿Necesita dejar una salida por la noche con amigos, o una reunión de iglesia, o un equipo deportivo para comunicar a su cónyuge que él o ella es la persona más importante de la tierra? ¡Entonces hágalo!

Deje de decir: "Si él o ella hiciera esto, yo haría esto otro". Estar los dos de espaldas entre sí con sus brazos cruzados y no queriendo moverse no les llevará a ninguna parte. Es su responsabilidad hacer lo que sabe que debe hacer independientemente de lo que su cónyuge esté o no esté haciendo.

Algunas parejas, al descubrir un mal hábito, han descubierto nuevas formas de comunicarse y pasar tiempo juntos. Algunos cocinan juntos, van a clase juntos, caminan juntos o programan una cita regular. Hay innumerables recursos ahí fuera con miles de ideas. El punto es identificar lo que usted tiene que cambiar y luego trabajar juntos para llevar a cabo los cambios.

No volver a quejarse

Por último, hemos dejado de quejarnos, especialmente de la forma más destructiva de todas: la queja no verbal. La queja silenciosa es lo que uno hace cuando toma una nota mental cada vez que su cónyuge deja ropa tirada en el piso, no se lava los dientes, no hace la cama, no limpia la cocina, no pone gasolina en el auto (puede seguir añadiendo las que quiera). Si insiste en seguir anotando esos comportamientos molestos e irritantes en su cónyuge, pronto su corazón se llenará de resentimiento.

Quizá piense que está siendo un buen cristiano —realmente casi un mártir— por aguantar todas esas cosas, especialmente porque no se queja en voz alta. A fin de cuentas, Proverbios

21:9 dice: "Más vale habitar en un rincón de la azotea que compartir el techo con mujer pendenciera". Y ciertamente usted no quiere que le consideren como una mujer o un esposo "pendencieros".

Sin embargo, si se queja de forma no verbal continuamente, el resentimiento aumentará y finalmente saldrá. Y tendemos a expresar el resentimiento de formas que no están relacionadas con la fuente original, causando división de la misma forma que lo hace la queja verbal. Por ejemplo, trabajar hasta tarde cada noche no es la solución para la charla de su esposa durante su programa favorito de televisión. De igual modo, golpear las sartenes contra la vitro cerámica ¡no va a convencer a su marido de que tiene que recoger sus calcetines sucios! Si lo que le molesta es un problema, trátelo como tal y lidie con él de manera constructiva.

Si es simplemente una molestia y no vale la pena lidiar con ello como un problema, suéltelo. Todos aguantamos cosas el uno al otro. Dejaremos de hacerlo en el cielo, no aquí en la tierra. Un matrimonio no es bueno porque los dos sean perfectos, sino porque ambos se animan el uno al otro a ser el mejor hombre o mujer que Dios pretende que sean. Enfoquemos nuestras energías en las cosas importantes.

No volver atrás puede ser duro. Siempre queremos tomar el camino de menor resistencia. Es mucho más fácil cuando las cosas comienzan a sentirse normales nuevamente, pero recuerde que su vieja forma "normal" de hacer las cosas le llevó a donde está. Tendrá que sacrificar algunos momentos fáciles para crear una nueva normalidad. Quizá incluso se dará cuenta de que tendrá que dar más de lo que obtendrá a cambio. Recordémonos que nada se comparará nunca a la dificultad de tratar con el adulterio. Y nada se comparará con la bendición de tener un matrimonio saludable.

Preguntas para considerar y conversar

1. Gary dudó en negar enfáticamente que no volvería a ser infiel porque quería ser cien por ciento sincero. Discuta con su cónyuge qué es ser cien por ciento sincero.

2. Los sonidos "normales" de una noche llevaron a Mona a una diatriba. ¿Qué fue lo que le asustó? ¿Se identifica usted con su miedo?

3. ¿Ha sido dividido su matrimonio en *antes, durante* y *después* de la aventura amorosa? Discuta esto con su cónyuge.

4. "Dadas las circunstancias apropiadas y la persona adecuada y la oportunidad correcta, cualquiera puede cometer adulterio". ¿Está de acuerdo con esta frase? ¿Por qué o por qué no?

5. Lea Jeremías 17:9. ¿Qué cree que Dios está intentando decirnos?

6. ¿Ha identificado algún viejo hábito negativo en su matrimonio? ¿Está su cónyuge de acuerdo?

7. ¿Cree que usted y su cónyuge han estado dándose la espalda esperando a que el otro haga el primer movimiento? ¿Cómo afectó eso a su proceso de sanidad?

8. ¿Participa en la queja no verbal? Aporte un ejemplo.

9. ¿Cómo podría diferenciar usted entre algo que es un problema que tiene que resolver y algo que simplemente le molesta pero puede vivir con ello en su matrimonio?

10. Lea 1 Corintios 10:23-24. Discuta cómo podría aplicarse esta situación a su matrimonio.

6
Dispuesto a soportar el dolor

¿Por qué no cesa mi dolor?
¿Por qué es incurable mi herida?
¿Por qué se resiste a sanar?...
Por eso, así dice el Señor:
Si te arrepientes, yo te restauraré.
Jeremías 15:18-19

LA HISTORIA DE MONA
(Menos de un año después de la revelación)

Me detuve y miré en la sala de estar. Mis tres hijos estaban absortos con los dibujos que pasaban en televisión por la tarde. Incluso mi hijo adolescente también los disfrutaba. No me importaba. No quedaba nada en mí para preocuparme; no tenía energía para guiarles a una actividad más productiva, y sólo el pensamiento de intentar convencerles para que hicieran conmigo otra cosa me superaba. Ya no era mamá, ya no era esposa, ni siquiera estaba segura de que quedara algo de la persona que solía ser. Por tanto, no dije nada.

Simplemente abrí la puerta de la calle y me fui. No tenía ni idea de adónde iba o que iba a hacer; sencillamente necesitaba salir.

Me dirigí al oeste y caminé carretera abajo. Vivimos en una carretera entre dos ciudades, y siempre está colapsada, especialmente a esa hora del día. Me imaginaba a la gente en sus autos deseando reunirse con sus familias mientras conducían de camino a casa, deseando llegar para comer una comida caliente y disfrutar de la compañía de los suyos. Yo, sin embargo, caminaba por la calle alejándome de todo, sintiendo sólo la frialdad de la noche. No me preocupaba la cena, mi marido ni mis hijos. Estaba totalmente atontada.

¿Cuánto dolor puede resistir una persona antes de desistir de luchar por sobrevivir? ¿Cuánto tiempo hay que sufrir antes de que te clasifiquen como emocionalmente perturbada? Temía estar peligrosamente cerca, ¡y estaba enojada! Gary y su compañera se habían "arrepentido y habían sido perdonados", podían seguir adelante con sus vidas, ¡pero yo no podía! Estaba resentida por el hecho de que no era yo la que había cometido ese pecado y, sin embargo, tenía que sufrir el dolor. ¿Por qué no se fugaban juntos? De haber sido así, ahora yo podría estar rehaciendo mi vida en lugar de estar estancada, y al menos no tendría que sufrir en silencio; todos lo sabrían si ellos hubieran huido. Mientras pensaba esas cosas, sabía lo absurdas que eran. Todos habíamos sufrido. Todos estábamos aún sufriendo.

Pero era muy injusto. ¡Nadie había querido nunca tener una aventura amorosa conmigo! No había habido ningún deseo tan fuerte para que yo lo arriesgase todo por satisfacerlo. Gary había arriesgado todo y a todos por ella. ¿Qué había arriesgado él por tenerme a mí? Quizá yo no merecía la pena. Quizá debía desaparecer.

Vi que estaba en el pequeño cementerio de nuestra comunidad. Caminé alrededor un rato preguntándome qué traumas estarían representados ahí. ¿Alguno habría sobrevivido a una traición? Pensé en mi padre, quien había muerto hacía unos años, y de nuevo sentí el dolor de su pérdida. Me senté en una piedra y volqué mi corazón con mi papá y mi Señor. De algún modo me pareció apropiado.

Finalmente las lágrimas cesaron. No quería ir a casa y caminar por toda la porquería en la que se había convertido este proceso de sanidad. Cada vez que parecía que nos estábamos acercando a estar bien (sin saber bien lo que significaba eso), ocurría algo más. Nunca había estado tan deprimida, nunca había experimentado un dolor de esta magnitud, y no quería más. No sabía si podría.

Contemplé el no volver más a casa. ¿Cuánto tiempo pasaría hasta que me extrañaran? ¿Qué harían? Nadie sabía dónde estaba, ni cuándo me fui. Si alguna pensara en cometer suicidio, sería ahora, pero algo me mantuvo en este lado de la cornisa. Quizá fue ver el dolor que mi padre había causado a nuestra familia por su incapacidad de lidiar con la vida. O quizá fue tan sólo "algo de Dios".

La dureza y los bordes puntiagudos de la piedra en la que estaba sentada penetraron tanto en mis pensamientos como en mi cuerpo. Parecía que iba a llover, era tiempo de irme; pero si volvía a casa, sería volver a la misma casa de donde salí. Conocía el dolor que me esperaba allí. Sabía el trabajo que nos esperaba tanto a Gary como a mí, y sabía que la única esperanza era caminar por este dolor: yo, Gary y el Señor.

Así que me levanté de la piedra, le dije adiós a mi papá, y me volví a casa con mi Señor.

La historia de Gary

(Menos de seis meses después de la revelación)

Se acercaba nuestro aniversario. Llevábamos casados diecinueve años. Lo que hizo que este fuera todo un hito fue el hecho de que pasaron tan sólo unos meses después de la revelación de mi aventura amorosa. Habían pasado cuatro largos y dolorosos meses, y habíamos sobrevivido. Mona estaba empezando a tener días en los que no lloraba. Eran pocos y muy distanciados, pero estábamos sanando y eso era importante. Quizá habíamos pasado lo peor.

Yo quería hacer algo bonito por nuestro aniversario, pero algo caro y loco estaba fuera de lugar; realmente ninguno de nosotros estábamos para muchas celebraciones.

Hablamos al respecto y decidimos ir de camping, sólo nosotros dos. A los dos nos gusta el camping, lo hacíamos en vacaciones como familia, pero esta vez dejaríamos a los niños con los abuelos y disfrutaríamos de unos días de paz y tranquilidad. Ella y yo nos iríamos con nuestra pequeña caravana a la sierra, lejos de todo. Ella necesitaba un descanso y yo también.

El lugar de acampada estaba bien. Nuestro sitio estaba un poquito apartado, rodeado de pinos, como a los dos nos gustaba. El camping estaba prácticamente vacío. El mes de mayo es bastante frío en la alta sierra, y el tiempo puede ser impredecible, así que la mayoría de la gente se espera a que avance un poco más la estación.

Hicimos algunos filetes a la barbacoa y tuvimos una comida agradable y relajada, sin interrupciones, ni derramar nada, sin peleas. Lavamos juntos los platos mientras escuchábamos la radio, cantando las melodías de ayer. El aire exterior era un tanto fresco, así que nos quedamos dentro de la caravana, encendimos la calefacción y nos pusimos cómodos con nuestros libros. La tranquila y pacífica atmósfera era agradable en nuestra confortable mini caravana.

Bien, una cosa llevó a otra, y en seguida nos estábamos comportando otra vez como unos veinteañeros. Irónicamente, nuestra vida sexual había mejorado desde la revelación. Después sabría que eso no era algo extraño, pero en ese momento realmente no entendía por qué; simplemente estaba contento de que algo nos uniera. Al menos hasta que Mona comenzó a llorar: de nuevo. Desgraciadamente, eso tampoco era algo extraño. Algo provocó algo, y una oleada de pensamientos y emociones la inundó. Lo que normalmente hubiera sido una ocasión para hablar tranquilos se había convertido de nuevo en otro episodio de abrazarla mientras lloraba.

Le pregunté qué era lo que la incomodaba; ¿era algo que yo había hecho o dicho?

—No, no es nada que hayas hecho. Simplemente no puedo evitarlo.

—¿Hay algo que pueda hacer para ayudarte?—pregunté.

—No, sólo abrázame.

La abracé durante un rato. Estaba intentando ser fuerte para ella, estaba intentando abrazarlo todo por los dos, por nuestro matrimonio y por nuestra familia.

Hablamos sobre qué le hizo llorar. Por primera vez me dijo que a veces le venían escenas de mi compañera y yo mientras hacíamos el amor, y simplemente no podía. Me aseguró que no era nada que yo hubiera hecho.

¿Qué quería decir con eso de que no era nada que yo hubiera hecho? ¿Cómo podía decir eso? Claro que era algo que yo había hecho. ¡La había engañado! Permití que otra persona se interpusiera entre nosotros. El hombre que la amaba sin condiciones la había traicionado. Creo que yo siempre había sospechado que era eso lo que le hacía llorar, pero nunca se lo había preguntado, y en ese momento sentí haberlo hecho.

Me había dicho a mí mismo durante toda la aventura amorosa que eso no tenía nada que ver con Mona, que era algo separado de nuestro matrimonio, pero de hecho tenía todo que ver con ella. Era algo que no se podía separar, y ella llevaría la parte más pesada de mi pecado. Ella sintió la traición más hondamente de lo que nunca podría yo haber imaginado. Estaba tumbada ahí absorta en su dolor por lo que yo había hecho.

Y luego comenzó a disculparse conmigo por haber arruinado nuestro tiempo juntos.

Darme cuenta de lo que habían costado mis decisiones me superó, me vine abajo. Me quebranté de una manera nueva y distinta al comprender la profundidad de su herida.

Esa noche lloré al comenzar a entender el dolor que había causado. Le había roto el corazón, sin saber que yo era capaz de causar una herida tan grande. ¿Cómo podía yo vivir sabiendo eso? ¿Cómo podía ella perdonarme algún día? Sinceramente no sabía cómo habría reaccionado si la situación hubiera sido al revés. ¿Cómo podía además pedirle que me perdonase? ¿Qué tipo de hombre era yo?

Ella me abrazó y me susurró que todo iba a estar bien. Me consoló mientras yo comenzaba a entender lo que había hecho. Estaba ahí tumbado, superado por la magnitud de la tarea que yo había puesto ante nosotros.

Perdón y restauración cobraron un nuevo sentido para mí esa noche.

La historia sobre soportar el dolor

Enfoque a la Familia tenía un programa de radio en 1983 titulado *Víctimas de aventuras amorosas*. El Dr. James Dobson relató una historia que le habían contado.

Una señora creció en la Unión Soviética. En 1941, aunque ella no era judía, fue enviada a un campo de concentración nazi hasta que se terminó la guerra. Mientras estaba allí fue testigo de palizas y asesinatos horribles, perdió a miembros de la familia y soportó atrocidades que la mayoría de nosotros nunca conocerá o entenderá. De alguna forma, ella logró sobrevivir, llegó a los Estados Unidos y se casó. Su marido tuvo una aventura amorosa y la dejó por otra mujer. Estas fueron sus palabras con relación a su experiencia con su marido: "Esa fue la experiencia más dolorosa de mi vida".

Cuando oímos esta historia en la primera fase de nuestra recuperación, lloramos de alivio. No estábamos locos ni reaccionando en exceso; sin duda estábamos experimentando el peor trauma de nuestra vida. Y esto nos afirmó que puede haber algo incluso más difícil que lo que estábamos pasando nosotros: experimentarlo sin nuestro cónyuge.

El adulterio causa dolor. La recuperación del adulterio es dolorosa. La vida se convierte en un viaje en una montaña rusa. Uno siente que ha escalado la colina más alta, ha colgado hasta el borde hasta creer que reventará de la emoción, y de repente somos propulsados hacia abajo a una velocidad que encoge el estómago. Mientras tanto, uno se da cuenta de que no puede hacer nada para controlar la caída. El dolor nos acompaña durante este camino, en lo alto y en lo bajo, y justamente cuando uno cree que ha llegado al final del viaje, se puede divisar toda una nueva sección. Y a diferencia del viaje en la montaña rusa, hay muy poca emoción en este proceso.

La mayoría de nosotros entendemos totalmente a los que dicen que darían todo lo que tienen por bajarse de este viaje. Te afecta física, emocional y espiritualmente. Una debilidad hasta entonces desconocida te succiona la fuerza. En esta circunstancia, podemos ver las palabras de Pablo en 2 Corintios 12:9: "pero él me dijo: «Te basta con mi gracia, pues mi poder se perfecciona en la debilidad".

Si sólo pudiéramos decirle una cosa a alguien que esté en

este viaje, sería que lo hiciera. Termine el viaje. Saltar en medio del viaje puede que ahora le parezca la mejor opción, pero a largo plazo se verá en otro viaje igual de aterrador y doloroso.

Las parejas comienzan nuestros grupos de apoyo desde muchos lugares distintos. Algunos llegan de la mano, mientras que otros mantienen todo el espacio posible entre ellos. Algunos parecen fuertes y resistentes; otros son tan frágiles que uno se pregunta cómo fueron capaces de llegar hasta el grupo. El único denominador común en todos ellos es el dolor. Se expresa de forma distinta, se responde a él de manera distinta, pero siempre está presente. Nosotros les decimos que ese grupo no va a ser divertido. Les decimos que hay que trabajar, y que es un trabajo duro y doloroso. Les decimos que probablemente las cosas empeorarán para que luego mejoren, pero les decimos que vale la pena y que pueden hacerlo.

Entender el origen del dolor

Igual que la presentación del dolor puede variar, el origen no varía. Hemos descubierto que identificar el origen del dolor es un paso hacia salir de él.

El infiel

Uno de los principales orígenes del dolor (la traición y el engaño del infiel) parece bastante fácil de identificar, pero a menudo este no es el caso. El doloroso conocimiento de Gary de la profundidad del daño y el dolor que causó su infidelidad llegó sólo después de varios meses de trabajo y muchas experiencias diferentes. A través de nuestros grupos nos hemos dado cuenta de que la experiencia de Gary no es algo extraño.

Definitivamente es un momento de sanidad, cuando tanto

el infiel como el cónyuge pueden reconocer la profundidad del dolor que ha causado el adulterio: cuando el cónyuge puede decir que cree que el infiel lo ha "entendido". Sin embargo, ese darse cuenta no es algo que se pueda forzar. Ocurre cuando dos personas comparten sus sentimientos en un proceso honesto y continuado.

Algunas personas intentan tomar un atajo hacia este reconocimiento y descubren que su proceso de sanidad se obstaculiza. Una mujer nos dijo que la incapacidad de su marido o su indisposición a mirar su parte les causó años de dolor.

El cónyuge

El cónyuge tiene que darse cuenta de que él o ella también pueden contribuir al dolor de muchas formas. Una de las más comunes es a quién le cuentan el adulterio y cómo comparten la información. En su estado agitado y emocional, los cónyuges a menudo comparten con hijos, jóvenes y adultos, así como amigos y otros familiares, información y hechos que más tarde lamentarán haber compartido. Esto ocurre normalmente en las primeras etapas después de la revelación.

La verdad es que quienes se enteran de todos los detalles de la infidelidad raramente son informados después de todos los detalles del proceso de restauración según se va produciendo. Sin embargo, esperamos que esas mismas personas nos sigan en nuestro camino hacia la sanidad con sólo la mitad de la información. Es una carga que injustamente depositamos sobre los que amamos y que quieren protegernos del daño.

En nuestro caso, nuestros hijos eran pequeños, y no les contamos los detalles hasta que comenzamos a escribir este libro. Sabían que habíamos tenido problemas y sabían que estábamos viendo a un consejero, pero también les aseguramos que íbamos a intentar solucionarlo todo. Cualquier pregunta que tenían se la respondíamos con honestidad y de manera apropiada a su edad. Nuestras respuestas no eliminaron el dolor de ellos, pero no tuvimos que hacer un trabajo de reparación posterior.

Si usted ha leído los párrafos anteriores con un sentimiento de decepción, por favor sepa que nunca es demasiado tarde para establecer límites apropiados con aquellos que han oído demasiadas cosas. Le sugerimos que vayan como pareja y expliquen que estarán trabajando juntos para sanar su matrimonio. Anímeles a apoyarles a ambos en su crisis, y no tan sólo individualmente. Si necesita disculparse por palabras o actitudes, hágalo.

Ambos podemos contribuir al dolor saboteando el proceso si rehusamos ser honestos o nos enfocarnos en culpar al otro. La honestidad en un proceso de sanidad es tan vital como un martillo lo es para los clavos. Ninguno penetra muy profundamente sin la herramienta, y la mayoría de nosotros tenemos mucha culpa a nuestro alrededor. Si nuestro enfoque es asegurarnos de que nuestro marido o esposa sufre tanto como nosotros, entonces se usará mucha energía para provocar el dolor, no para salir de él.

Enseguida en nuestros grupos les decimos a las parejas que ahí no hay malos y buenos, sino matrimonios con problemas, y nuestro papel es ayudar a los matrimonios a sobrevivir y superarse. Les animamos a mantener ese mismo enfoque.

La cultura

Otra fuente de dolor es el punto de vista del mundo sobre el matrimonio y la sexualidad. Nuestra sociedad está obsesionada con las relaciones sexuales. Invaden nuestros periódicos, revistas, televisión, películas e incluso la radio. Una conversación normal entre personas está llena de insinuaciones y chistes sobre comportamientos sexuales y adulterio. En las secuelas de la revelación, sólo el volumen de ello nos sorprende. ¿Cómo no hemos comprendido la relevancia de este tipo de conversación? En su Palabra, Dios nos advierte repetidamente que nos mantengamos ocupados con lo que es puro y bueno. No hemos hecho esto, especialmente como sociedad. Añada esto al hecho de que en la industria del entretenimiento el infiel normalmente se dibuja como el personaje "bueno" y el cónyuge como el que se merece la traición, y el cociente de dolor se dispara.

No permita que la visión que nuestra cultura tiene del adulterio agote sus recursos o le mantenga ocupado en otra cosa. Trabajar por la recuperación vale la pena y ofrece mucha más satisfacción personal. Nosotros empleamos mucho tiempo y energías golpeándonos en vez de trabajando en nuestra relación matrimonial.

Termine con el dolor de formas saludables

Sabiendo que esta es una experiencia dolorosa, buscamos maneras de escapar. Parecido a cuando abrimos un forúnculo, el toque necesario para drenarlo causa un poco de dolor, y la respuesta normal es separarnos. Es fácil caer en el pensamiento de que si lo dejamos así, sanará por sí solo. Sentimos que lo que estamos haciendo lo empeorará. En el capítulo sobre hablar (capítulo 8), discutiremos más principios y herramientas específicas. Sin embargo, aquí nos gustaría tratar dos de los intentos más comunes por poner fin al dolor.

No causar más

Primero, está el deseo del infiel de no causar más dolor al cónyuge omitiendo verdad o no iniciando discusiones. Un ejemplo común de esto ocurre cuando el infiel accidentalmente ve o es contactado por una pareja antigua. El infiel no comparte esta información con su cónyuge, sabiendo que le hará daño y precipitará otro largo episodio de dolor.

Desgraciadamente, hemos visto lo que ocurre cuando la información sale después; y esté tranquilo, que saldrá. El cónyuge siente que él o ella han sido engañados de nuevo y les cuesta mucho creer que el infiel no inició el contacto o respondió de forma inapropiada a dicho contacto. El proceso de sanidad en el matrimonio se retrasa porque el cónyuge se pregunta qué más no le habrán dicho.

Es mucho más fácil tratar con la verdad, y cuando la verdad se maneja correctamente, el infiel tiene algo de control sobre cómo el cónyuge es expuesto a ello.

Reconocer un contacto incitará preguntas, sin duda. No las eluda, sea valiente. Muchos episodios de adulterio ocurren en el lugar de trabajo, así que a menos que el infiel o su compañera hayan cambiado de trabajo, los contactos serán inevitables. Es mejor si su cónyuge oye esta información de usted. Y si su cónyuge le pregunta cómo le hizo sentir el contacto, sea honesto. La mayoría de los cónyuges no optan por quedarse con infieles que se han quedado sin emociones; por tanto, una respuesta que niega las emociones se percibe como una mentira, otra vez. Un simple "me sentí triste", "estuve muy incómodo" o "me sentí culpable sólo por haber estado ahí" seguido de una afirmación de que este matrimonio es donde el infiel pondrá su energía y sus esfuerzos reafirma el compromiso con el cónyuge.

El punto es que una de las mayores heridas experimentadas por el cónyuge es el engaño. Cualquier cosa que se parezca remotamente a un engaño causa más dolor. Y hemos oído innumerables veces de muchos, muchos cónyuges que pueden percibir cuando no les están diciendo toda la verdad. Puede que no sepan discernir exactamente qué es lo que está o no está ocurriendo, pero saben que hay algo.

Evitar

La segunda dinámica común que hemos visto es intentar evitar el proceso de sanidad no escuchando, escapando así del dolor. Por ejemplo, digamos que es por la noche. Las cosas parecen casi normales en casa para cambiar, y luego el cónyuge "lo saca" de nuevo. O algo sale en la televisión sobre adulterio. Usted quiere evitar lo que sabe que ocurrirá si se produce la conversación, así que hace un sabotaje usando enojo, evitando, o cualquier cosa que produzca un desvío. Básicamente usted está apagando a su cónyuge. El mensaje para el que quiere hablar es "termina y sigamos con lo siguiente". Incluso es peor este mensaje: "No me importa cómo te sientas".

Esto es común en el infiel, pero también lo hemos visto con el cónyuge. Algunos cónyuges están más dispuestos que otros a evitar cualquier conflicto. Parece que temen más a la verdad que a la ilusión de la sanidad. Puede que se sientan mejor momentáneamente, pero su alivio será breve, y no irá acompañado de sanidad.

A veces evitamos el proceso de sanidad aun mientras intentamos aparentar que no lo hacemos. Un esposo o esposa que se sienta calladamente en una silla mientras su pareja explica algo puede aparentar disposición, pero si la persona en la silla no mira a su pareja —o si mira su reloj, su celular o su lista de tareas y parece desinteresado—, no se está produciendo mucha sanidad.

La otra consecuencia de evitar continuamente es que el cónyuge pierde la esperanza de cambio. Esto ocurre cuando sentimos que no nos están escuchando y comenzamos a creer que no hay esperanza de que nuestra aportación afecte al desenlace. Nuestros intentos de comunicar, de expresar nuestros pensamientos, caen en "oídos sordos" y abandonamos. La recuperación del adulterio requiere perseverancia, y cuando sentimos que no estamos teniendo impacto alguno, nuestra motivación se reduce rápidamente.

La verdad es que el deseo de un infiel de "no causar" más dolor al cónyuge a menudo tiene que ver más con el hecho de no causarse dolor a sí mismo. Intentar evitar el dolor normalmente tiene el efecto contrario, porque a menudo resulta en evitar o minimizar los sentimientos y preocupaciones del otro, y ninguna de estas dos cosas conduce a la sanidad.

Por tanto, ¿qué sugerimos para quienes nos encontramos rodeados de un océano de dolor? Aceptarlo. El dolor es parte de este proceso. No intente esconder o menospreciar su presencia. El dolor puede forzarnos a arrodillarnos, y ese no es un mal sitio para estar si es creyente. Esté dispuesto a soportar el dolor. Al igual que el dolor físico indica que hay algo mal y necesita arreglarse, de igual modo ocurre con este dolor. El dolor comenzará a aplacarse a medida que comencemos a sanar.

En hebreo hay un dicho: *No prolongue el sufrimiento más allá del tiempo del dolor.* Soportar el dolor es la mejor forma de salir de él. Juntos pueden dejarlo atrás.

Preguntas para considerar y conversar

1. Considere algunas de las emociones que Mona experimentó ese día en su paseo. ¿Cuáles son las causas comunes de dolor en la recuperación del adulterio?

2. Que Gary se diera cuenta del dolor que su adulterio había causado en Mona fue un momento significativo en su recuperación. ¿Por qué cree que esto es cierto? ¿Qué cree que quiere decir que el infiel "lo entendió"?

3. La mujer del programa de radio de Enfoque dijo que el hecho de que su marido la dejara por otra mujer fue la experiencia más dolorosa de su vida. ¿Por qué cree que esto es cierto?

4. Mona y Gary compararon la recuperación del adulterio a un viaje en una montaña rusa. ¿Se identifica con eso? ¿Por qué o por qué no?

5. Si usted es el infiel, ¿cómo cree que ha hecho que el dolor sea peor? ¿Qué está haciendo que cree que ayuda a su cónyuge a tratar con su dolor?

6. Si usted es el cónyuge, ¿cómo cree que ha hecho que el dolor sea peor? ¿Qué está haciendo que cree que ayuda a su cónyuge a tratar con su dolor?

7. ¿Hay alguien con el que crea que compartió demasiada información? ¿Qué cree que podría hacer para ayudar a que todos traten eso?

8. "No causar más" omite la verdad. "Evitar" omite escuchar. ¿Cuál de los dos cree que ha hecho usted?

9. Lea el Salmo 69:29. ¿Cree que Dios nos ayuda directamente en los tiempos de sufrimiento?

10. ¿Puede compartir su dolor con su cónyuge? ¿Por qué o por qué no?

7

Reconocer las pérdidas

Todo tiene su momento oportuno;
hay un tiempo para todo lo que se hace bajo
el cielo... un tiempo para intentar,
y un tiempo para desistir;
un tiempo para guardar,
y un tiempo para desechar.
Eclesiastés 3:1, 6

LA HISTORIA DE GARY
(Menos de seis meses después de la revelación)

El pastor principal me asignó un compañero al que rendir cuentas, lo cual tenía sentido, claro está. Poner al infiel con otra persona del mismo sexo para construir una relación, compartir detalles íntimos de sus vidas y hacer todas las preguntas difíciles. El motivo era honorable y bíblico.

Así que nos reunimos de forma regular. Él ya era amigo mío, y más o menos de mi edad. Habíamos trabajado juntos en varios proyectos en la iglesia. Él era diácono y maduro espiritualmente. Se sentaba al otro lado de la mesa y me miraba, hacía una pausa y luego preguntaba: "¿Estás viviendo realmente una buena vida?". Este hombre es un cristiano maravilloso, un siervo de Dios. Fui bendecido por su disposición y disponibilidad de ayudar, pero realmente él no tenía ni idea de lo que era estar donde yo estaba, y estaba en un territorio desconocido. Y como él conocía a todas las partes implicadas, incluso su mundo había sido sacudido.

Yo desesperadamente quería a alguien que hubiera estado donde yo estaba y pudiera ofrecerme esperanza: esperanza de que pudiera vivir una buena vida. Esperanza de que Mona y yo pudiéramos sobrevivir al adulterio

Lo que Mona y yo estábamos experimentando nos aportaba muy poca esperanza. Ella estaba en modo autodestructivo, y yo estaba haciendo lo posible para mantener a la familia unida y no perder el juicio. Pero iba a ciegas, tampoco había estado antes en este sitio.

Yo tenía muchas preguntas, pero mi compañero no tenía las respuestas. Podía sentir lo incómodo que estaba este amigo conmigo, pero yo no sabía qué hacer. ¿Alguien volvería a sentirse a gusto conmigo algún día?

Para mí, cada vez era más obvio que existía una barrera entre muchos otros miembros de mi iglesia y yo: menos contacto visual, volver la cara rápido en los pasillos. Me evitaban, y no les culpo, porque yo mismo quería evitarme. Era difícil estar ahí, yo era el infiel.

He oído el dicho de que los cristianos son los únicos que disparan a sus heridos. Nunca antes hubiera creído esto, pero ahora lo entiendo. No es que no les importe, sino que la mayoría no saben cómo tratar este tema del adulterio. Como yo había ido a mi pastor y se lo había confesado, la situación llegó a oídos del consejo de diáconos. Me apartaron de todo ministerio público y me pusieron en disciplina. A Mona y a mí nunca nos dijeron quién sabía nuestras circunstancias, pero yo podía saberlo cuando me encontraba con la gente.

Un domingo después de la iglesia realmente me estaba sintiendo mal por cómo la gente me estaba evitando, y se lo dije a Mona. Ella me mostró mucha sabiduría al decirme: "Vas a tener que volver a presentarte con ellos. No saben cómo comportarse contigo, así que te evitarán hasta que tú inicies el contacto. Tienen que asegurarse de que eres el mismo que eras y que tienes la intención de lidiar con este pecado de manera bíblica".

Así que le hice caso e intenté "volver a presentarme". Eso a veces funcionó con los hombres, pero nunca funcionó con las mujeres. Después de analizar esto, desarrollé una teoría propia.

Los maridos no quieren estar conmigo porque pongo nerviosas a sus esposas.

Las esposas no quieren que esté con sus maridos porque les asusta, como si lo que hice se pudiera pegar entre los hombres. Cuando menos soy una mala influencia.

Las esposas no quieren que esté alrededor de otras mujeres y no quieren que las vean conmigo por lo que le hice a Mona. Están enojadas conmigo por causarle tanto dolor.

Los maridos no quieren que esté cerca de sus esposas porque no confían en mí.

Ahí está. Nadie quiere estar conmigo. ¿Dónde busca uno apoyo cuando el cuerpo de Cristo huye de ti? No lo sabía. Pero sabía que estaba perdiendo algo valioso tan cierto como había perdido la confianza de Mona. No sabía cómo tratar con ello. No tenía la fuerza de lidiar con ello.

Pronto mi compañero y yo dejamos de reunirnos.

Para preservar al menos una pequeña conexión con la iglesia, pasé la mayor parte de ese año escondiéndome en la cabina de televisión. Soy técnico de sonido y video, y necesitaban mis servicios. Ellos justificaban permitirme estar ahí diciendo que no era un ministerio público. Lo bueno para mí era que no tenía que ver a nadie. Podía llegar pronto a la iglesia e irme tarde a casa.

No sólo había perdido mi reputación en la iglesia, sino que parecía que también había perdido mi iglesia.

La historia de Mona
(Menos de un año después de la revelación)

Es un trabajo corriente: estar de pie en mi cocina, limpiando después del desayuno, poniendo el lavavajillas y mirando por la ventana. Mi ventana da a la calle y a un campo. Tiene de todo, es una vista agradable y serena.

Sin embargo, esa mañana mi mirada fue atraída hacia la izquierda de nuestra calle, aunque no quería mirar y acordarme. Un objeto tan impersonal, el contenedor de la basura fue lo que captó mi atención. Una señal normal. Una acera. Piedras. Un contenedor de basura situado en la izquierda.

Normal. Impersonal. Esas palabras ya no están en mi vocabulario. Nada es normal y todo es personal. Ya no sé cómo vivir, cómo funcionar en el día a día. ¿Cómo se vive cuando no estás segura de que siga habiendo vida?

La noche anterior había comenzado como una noche normal. Cena, niños. Por supuesto, el adulterio de Gary y nuestro dolor estaban ahí (eso nunca se iba), pero parecía que quizá podríamos encontrar una forma de salir de aquello si pudiéramos trabajar mucho.

Después nos habíamos ido a la cama, y comenzó la charla. Habíamos discutido su aventura hasta la saciedad. Cada pregunta que yo hacía sólo provocaba una respuesta que ya había oído, así que abordé un tema nuevo: su aventura de una noche.

Lo sentía por ella. Siempre supe que fue un mero instrumento en el drama de revelar el pecado de Gary. Era la única no creyente. ¡Qué ejemplo habíamos sido! Ella era joven, ingenua. Yo sabía que no era inocente, pero tenía al resto de nosotros como creyentes en Cristo en un estándar más alto.

Me había reunido brevemente con esa jovencita después de la revelación. Claro, había sido muy doloroso, pero había algunas cosas que había que decir. Ellos habían estado, y ese había sido el final de la historia.

No había hecho muchas preguntas sobre esa noche. ¿Qué más quería saber? Ella sabía que yo estaba fuera de la ciudad con los niños. Sabía que Gary estaría solo en casa, incluso le había dicho que iría por casa. Y fue. Él la había dejado entrar, y ambos sabían por qué ella estaba allí. Ella dejó muy claras sus intenciones. Según Gary, él protestó, aunque de forma breve e ineficaz.

"¿Qué dijiste? ¿Qué dijo ella?". Y las lágrimas volvieron a salir. Regresó el dolor. "¿Por qué...?" "¿Por qué no...?" "¿Dónde estabas?". Él me dijo que habían entrado en nuestro dormitorio.

Yo hice algunos comentarios sarcásticos y desagradables sobre eso y después, de repente, me di cuenta de dónde estaba yo. Estaba en la misma habitación. Estaba sentada en la misma cama, en la misma colcha. La adrenalina me subió por todo mi cuerpo, y las lágrimas fluyeron libremente. Todo se había escurrido, y lo único que yo podía ver era mi hermosa colcha.

De repente me oí gritar, y me levanté de la cama como si estuviera ardiendo. No podría haber sentido tanta repulsión si de repente me hubiera convertido en una pila de gusanos retorciéndose. Sentía nauseas. Gary se levantó, con una mirada preocupada y desconcertada en su rostro. Ni siquiera era capaz de hablar.

Pero yo estaba hablando, y lo hacía por todos nosotros. Me estiré y tomé la detestable colcha. Tiré de ella y grité. "¡Llévatela de aquí! ¡Llévatela de aquí!". Estaba temblando, llorando histéricamente.

Gary se levantó para llevarse la colcha. Muchas emociones cruzaron por su cara. Creo que tenía miedo de dejarme, pero tenía más miedo de no quitar el enfoque de mi histeria. Salió de la habitación con la colcha, dejándome acobardada en la esquina como una niña de la que han abusado. Regresó con las manos vacías, y después de algún tiempo pudo convencerme para que me metiera en la cama. De nuevo volvimos a llorar hasta quedarnos dormidos.

¿Cómo pudo haber pasado eso anoche?

No podía impedir que mis ojos siguieran fijos en el contenedor de basura. Nuestra colcha estaba dentro, y nuestra cama estaba sin colcha. Había sido una imagen convincente cuando hice la cama esa mañana. Faltaba algo. Algo obvio, seguramente todos lo notarían. Estaba segura incluso de que nuestros hijos pequeños dirían algo al respecto. Pero claro, no lo hicieron.

La mayoría de lo que habíamos perdido por este pecado no podía enrollarlo y demandar de forma histérica que lo quitaran de mi presencia. Si hubiera empezado a quitar las cosas que habían sido tocadas, ¿dónde acabaría? Tendría que deshacerme de mi auto, mi casa, nuestra empresa, mi iglesia... la lista no tendría fin.

Algún extraño momento de lucidez me había convencido de no intentar deshacerme de todo lo que había sido tocado por este pecado. De no comenzar un viaje que nunca podría terminar. Mirando al contenedor de basura ese día, me di cuenta del valor de identificar lo que habíamos perdido. Y el hecho de que necesitaríamos llorar por esas pérdidas. Quizá entonces podríamos sanar.

Quizá entonces podría ir comprar una colcha nueva.

LA HISTORIA SOBRE RECONOCER SUS PÉRDIDAS

La Biblia nos dice en Romanos 6:23: "Porque la paga del pecado es muerte". El adulterio es pecado. El adulterio conlleva pérdida. El adulterio trae muerte, pero cuando lea el resto del versículo, encontrará esperanza: "...mientras que la dádiva de Dios es vida eterna". El punto es que a pesar de nuestro pecado —pecado que merece muerte—, Dios nos ofrece vida nueva. Lo mismo es cierto para quienes se están recuperando del adulterio. Dios puede proveer y provee nueva vida para un matrimonio sanado.

Sin duda, hay una pérdida dolorosa para todos los afectados por una infidelidad. Le animamos a decidir qué es una pérdida permanente, como la colcha. Le aconsejamos que se asegure de que cualquier cosa que "tire" no contenga algo que necesite para la vida, como confianza en un matrimonio. Algunas cosas se pueden reconstruir aunque se perdieran por un tiempo.

No tenemos ni que llorar para siempre ni perder para siempre. Podemos seguir adelante. Podemos encontrar cosas nuevas con las que reír. Podemos volver a obtener algo de valor.

Pero nosotros descubrimos que no reconocer la pérdida, no llorar, sólo empeora las cosas, y también hemos visto lo mismo en otras parejas.

Nos llevó un tiempo identificar las cosas que habíamos perdido, e incluso cuando lo hicimos, aceptar que realmente se habían ido fue aún más difícil de lo que pensábamos.

Sin embargo, una vez que fuimos capaces de nombrarlas, parecía que habíamos dado otro paso de sanidad. No nos sentimos tan estancados, y comenzamos a solucionar lo que verdaderamente habíamos perdido y que teníamos que volver a encontrar.

Según hemos ido tratando con parejas en nuestros grupos, hemos podido identificar cinco áreas comunes de pérdida tras el adulterio. Confiamos en que nombrarlas será de ayuda y esperanza para usted, así como algo que le capacite para seguir adelante.

Pérdida de la pureza en el lecho matrimonial

La pérdida de la pureza en el lecho matrimonial puede parecer obvia, pero lo crea o no, muchas personas lo pasan por alto. No fue hasta la noche de la colcha cuando Mona realmente se dio cuenta del impacto de esa noche aislada.

No nos convertimos en creyentes hasta después de haber estado casados durante varios años. Los dos habíamos llevado vidas mundanas antes de nuestro matrimonio. En la primera semana después de la revelación, Mona estaba caminando y hablando con Dios. Recuerda cómo le golpeó el hecho de darse cuenta de que la forma en que se sintió acerca de la intrusa que Gary había permitido que echara a perder la pureza de su lecho matrimonial podría ser igual que como Dios se sintió por las conductas que Mona había permitido que estropearan su pureza antes de casarse. Por primera vez se dolió, le dolió realmente su propio pecado y desobediencia, y comenzó a comprender que las impurezas vienen en muchas formas y colores.

Dios reserva el lecho conyugal sólo para un marido y su esposa. El sexo es el único aspecto reservado para los dos. Es un cuadro de la íntima relación que Dios mismo quiere tener con nosotros como individuos, y el deseo representa su intenso deseo de nuestros corazones. Pero igual que Dios crea nueva vida en antiguos pecadores, Él también puede crear un lecho matrimonial nuevo y puro después del adulterio.

El efecto del adulterio sobre la relación sexual entre un marido y su esposa después de la revelación de una aventura amorosa recorre toda la gama. Algunos experimentan un vigor renovado y un deseo de intimidad. Algunos están tan separados que se preguntan si volverán a ser algún día marido y mujer en cuanto a eso se refiere. Sea cual sea el efecto inicial, tiende a ser temporal. No hay, en nuestra opinión, una respuesta "normal". El efecto que tiene el adulterio en su relación física es tan individual como su matrimonio. Creemos que la relación física reflejará la relación matrimonial en general. A medida que vaya solucionando sus problemas —*si* es que trabaja en ellos—, esta cuestión de la intimidad sexual dentro de su matrimonio se puede resolver. Si hubiera problemas sexuales sin resolver antes del adulterio, esos problemas tendrán que ser tratados de una manera más intencional después del adulterio. Afortunadamente, la iglesia ha comenzado a reconocer la necesidad de ayuda en esta área, y hay ministerios con ayudas específicas para parejas.

Reconocer la violación de su lecho matrimonial es horriblemente doloroso. Descubrimos por experiencia propia, y por la de parejas de nuestros grupos, que las lágrimas durante los momentos íntimos son algo común. Las lágrimas están ahí porque el adulterio asaltó esta área de su intimidad. Animamos a las parejas a reconocer las heridas, y después de eso a recordarse el uno al otro que aunque el daño es real, también es real su deseo de sanar su matrimonio. Esta puede ser una oportunidad preciosa para que el infiel reafirme la decisión por su cónyuge matrimonial y no por su compañera de aventura amorosa. Esta es una herida profunda y abierta, pero no es fatal y Dios puede sanarla.

Cuando se cónyuge necesite llorar, llore usted también. Reconozca la violación, llore la pérdida, y permita que la sanidad de Dios progrese en el tiempo de Él y no en el suyo propio. Cuando su cónyuge necesite tiempo, déselo. Algunos recomiendan en general respetar los sentimientos del que aún no esté listo para la actividad sexual íntima y descubrir qué tipo de toque o afecto estaría dispuesta a aceptar la parte reticente o no interesada.[1]

Cuando necesite ayuda, búsquela. Un matrimonio saludable incluirá intimidad sexual junto con las diferentes facetas de intimidad y amor marital. Al igual que en cada aspecto de este proceso de sanidad, sean sinceros el uno con el otro, validen las respuestas del otro y asegúrele a su cónyuge que estará ahí para pasar esos momentos de dolor juntos, porque el objetivo es un matrimonio sano.

Pérdida de fidelidad

Por mucho más tiempo de lo que nos gustaría admitir, ambos nos encogíamos siempre que oíamos la palabra *fiel*. ¡Es increíble lo a menudo que se usa! Las descripciones de buenas personas, a menudo incluyen la palabra *fiel*, pero de repente esa palabra ya no servía para Gary, y eso nos dolía a los dos.

Después miramos las definiciones. En el Antiguo Testamento, las palabras traducidas como *fiel* significan "apoyar, mantenerse firme".[2] En el Nuevo Testamento, las palabras traducidas como *fiel* significan "estar seguro, digno de ser creído".[3] El diccionario dice que significa "ser veraz en la realización de la tarea, juramentos o similares".[4] En verdad, Gary no había estado a la altura de estas definiciones. En verdad, Mona tampoco había estado a la altura de estas definiciones, pero en áreas diferentes.

La fidelidad ha de ser un estilo de vida para cada marido y mujer, y el adulterio físico ciertamente no es la única indicación de que se carece de eso.

La fidelidad también se puede perder cuando hay una aventura emocional, incluso cuando la relación del infiel con otro no incluya intimidad sexual. Discutiremos esto en más en profundidad en el capítulo sobre aventuras emocionales, pero por ahora baste con decir que una aventura emocional también es infidelidad.

La buena noticia es que la fidelidad se puede restaurar. También puede convertirse en una nueva forma de vida, y esto no es menos valioso aunque la fidelidad no formara parte de un estilo de vida previo. Nosotros tuvimos que llorar la etapa de la infidelidad de Gary, pero eso no significó que su fidelidad hacia Mona o hacia Dios no se pudiera restablecer.

Ahora, cuando oímos la palabra *fiel*, sentimos una punzada, pero no permitimos que Satanás nos robe todos nuestros años pasados o futuros en los que fuimos y seremos fieles el uno al otro.

Pérdida de confianza

La confianza se pierde tras la revelación de una aventura amorosa; no sólo la confianza que un cónyuge tenía en el infiel, sino también la confianza que ambos tenían en ellos mismos. El infiel confiaba en él o ella a la hora de tomar decisiones. El cónyuge confiaba en sí mismo en cuanto a saber si se habían tomado malas decisiones.

Explicaremos más en profundidad cómo se reconstruye la confianza en el capítulo sobre la confianza. Lo que tenemos que entender es que, aunque se perdiera por un tiempo, la confianza se puede reconstruir.

Lo que nos funcionó bien a nosotros fue la disposición de Gary a rendir cuentas de todas las cosas. Mona no tenía que pedirle cuentas, sino que él mismo iniciaba el contacto y daba cuentas. Evitaba todas las situaciones que pudieran tener tan sólo un gramo de engaño, y así Mona no sentía la necesidad de comprobar todo lo que él hacía.

El Dr. Donald Harvey da la mejor ilustración de lo que conlleva la reconstrucción de la confianza que hemos oído.[5] Él compara el proceso de reconstrucción de la confianza con el de la sanidad de una pierna rota. No hay nada normal en romperse una pierna. Duele y definitivamente limita su movilidad, ¿pero qué hace cuando tiene una pierna rota? Usted pone la pierna rota en una escayola. Ahora bien, no hay nada normal en caminar por ahí con una escayola; uno se siente torpe, extraño y limitado. Una persona pasa de una situación anormal (la pierna rota) a otra situación anormal (la escayola). La escayola no se pone para ser normal, sino para poder llegar a ser normal después.

El adulterio se parece a la pierna rota. Reconstruir la confianza se parece al tiempo en el que se lleva la escayola. Las cosas que ambos harán mientras reconstruyen la confianza no será algo normal. Será algo torpe, extraño y limitado, y en el caso de la recuperación del adulterio también será algo que asusta. Asusta porque saben que ninguno de los dos puede vivir así durante el resto de sus vidas. La transparencia y rendir cuentas por parte del infiel que necesita el cónyuge será algo anormal durante un tiempo, pero a medida que los dos vayan sanando, como en el caso de una pierna rota, cuando la sanidad está a punto de producirse, la escayola se quita. Su caminar volverá a ser algo extraño durante un tiempo hasta que la sanidad sea completa; después, un día notará que su caminar es más normal por primera vez en un largo periodo de tiempo.

Si durante este tiempo anormal los dos se enfocan en reconstruir la confianza —siendo honestos con lo que ayuda y lo que no ayuda al proceso—, verán el progreso. Sí, se pierde la confianza tras la revelación de la infidelidad. Llore el tiempo en que se perdió, y luego siga avanzando y reconstrúyala.

Pérdida del convencimiento de quiénes son ambos

Los maridos y las esposas a menudo quedan hechos pedazos después de la revelación porque creían que conocían tan bien a sus cónyuges que la persona nunca podría tener una aventura amorosa. Mona no creía que Gary *pudiera* mentir, y ella no creía que *pudiera* ser engañada.

La realidad era que Gary podía mentir. De hecho, lo hizo muy bien. Y Mona podía ser engañada; su percepción o intuición no era tan buena como pensaba. ¿Qué significa eso para el futuro? Significa que Gary es capaz de mentir. Si quiere, y cuando quiera, puede hacerlo.

Los infieles a menudo se sorprenden de su propia capacidad de llevar una doble vida, de separar una vida de la otra. Incluso no pensaban que fueran capaces de hacerlo, pero la Biblia dice claramente que *todos* somos capaces de mentir así: "Nada hay tan engañoso como el corazón. No tiene remedio. ¿Quién puede comprenderlo?" (Jeremías 17:9). La mayoría de nosotros pensamos que nunca lo haremos, y quizá esa es la mayor mentira de todas.

Todos reconocemos intelectualmente que nuestra vida puede cambiar en un instante, por un auto que va en sentido contrario, por una enfermedad o por un sinfín de cosas. Una vez que se ha producido un evento catastrófico, nuestro entendimiento pasa de lo intelectual a lo experimental. Sin embargo, la mayoría de nosotros no dejamos de vivir; simplemente vivimos con el conocimiento de que pueden ocurrir cosas malas, e intentamos no hacer nada para permitir que vuelvan a ocurrir.

Lo mismo es cierto del adulterio. Siempre fue una posibilidad, sólo que usted no lo sabía. Pero ahora lo sabe; lo que usted ha perdido ha sido su inocencia. Eso no tiene que arruinar su vida, sino que puede hacerle apreciar aún más las partes buenas de la vida, y puede hacerle más sabio.

Los que hemos pasado por una situación de adulterio hemos visto lados del otro que muchas parejas nunca sabrán. No ver algunas de esas cosas puede ser una bendición. Algo de lo que aprendimos el uno del otro también es una bendición. Mona entiende ahora claramente que Gary es simplemente un hombre, un hombre al que ama mucho, pero es sólo un hombre, y ella es tan sólo una mujer. Ambos tienen valor y ambos prefieren caminar esta vida juntos ayudándose el uno al otro a ser lo mejor que puedan llegar a ser.

Pérdida de la iglesia

La mayoría de las parejas en nuestros grupos pierden sus iglesias. La realidad es que la iglesia está hecha de personas, y las personas se abruman por el hecho de que alguien cometa adulterio, y mucho más profesando ser cristiano. Y la verdad es que los que están implicados en un proceso de recuperación del adulterio necesitan reagruparse y tratar los problemas que tienen que tratar. La vida en la iglesia no puede, y no debería, seguir sin perturbarse.

Nuestro caso fue extraño en cuanto a que seguimos en nuestra iglesia. Simplemente nunca sentimos que Dios nos dirigiera a salir. Nuestro hijos estaban allí establecidos, y es lo suficientemente grande como para que mucha gente no supiera nuestras circunstancias. Esto no es la norma, y algunos incluso abogan por cambiarse a otra iglesia, especialmente si el compañero o compañera está en la iglesia. Sin embargo, nosotros creemos que quedarnos era la mejor decisión para nosotros. Nos hubiéramos perdido muchas bendiciones que recibimos de nuestra iglesia.

Sin embargo, antes de las bendiciones, llegaron dos

grandes pérdidas con relación a nuestra iglesia.

Primero llegó la pérdida del ministerio. Gary a menudo estaba al frente debido a su talento musical y vocal, y ocasionalmente Mona servía a su lado. Ambos estábamos empezando a involucrarnos más en el liderazgo en nuestra iglesia. Tras la revelación, ambos tuvimos que retirarnos del trabajo en la iglesia: Gary como resultado de la disciplina, y Mona porque prácticamente era incapaz de hacer nada.

Fue una pérdida que causó tristeza, pero nosotros respaldamos la renuncia voluntaria de cualquier posición de liderazgo o área de ministerio público de la iglesia. Es el tiempo de enfocarse en usted y en el Señor, usted y su cónyuge. Su ministerio ahora es su matrimonio, y requiere el cien por ciento de usted. A la gente que hace preguntas se le puede dar una respuesta verdadera pero sin detalles, algo como: "Tengo que centrarme un poco más en mi familia durante un tiempo".

Si su sueldo proviene del ministerio, obviamente hay más asuntos aquí que tratar. No decimos tener todas las respuestas, pero todos hemos visto muchos ejemplos de infidelidades que se esconden y los ministerios terminan dañados más adelante.

¿Significa eso que usted no puede volver a servir en ninguna posición? Creemos que el líder bajo el que usted trabaja debería conocer sus circunstancias y debería establecer el proceso de restaurarle (o no) en el liderazgo. Pero estamos firmemente convencidos de que nuestro servicio al cuerpo de Cristo no termina por un adulterio. Cada uno de nosotros es un pecador restaurado.

La otra pérdida significativa fue la de relaciones dentro de nuestra iglesia. Esas relaciones que eran maduras y saludables entre creyentes sobrevivieron. Las relaciones de tipo "¿Cómo estás?" los domingos por la mañana normalmente no lo hicieron. No fuimos condenados al ostracismo ni a sentarnos en la última fila, pero tuvimos que invertir mucho tiempo y energía en volver a un nivel profundo con algunos.

Tuvimos que reconocer que, en realidad, ellos tampoco tenían ni idea de cómo manejar esta situación, y hemos tenido que hacer un esfuerzo y permitir que pasara el tiempo para que esa confianza rota sanara. Algunas de nuestras relaciones fueron reconstruidas, y algunas relaciones se desarrollaron de nuevo después de la infidelidad. Apreciamos las dos.

Los que no estuvieron dispuestos a ir con nosotros se perdieron. Hasta este día, algunas personas aún mantienen a Gary a cierta distancia, y no están dispuestos a experimentar nuestro anterior trato de risa y convivencia. La verdad es que no quieren hacerlo.

Pero otra verdad es que Dios quiere una relación profunda con nosotros, y nos guiará en las relaciones de nuestra iglesia así como en nuestro matrimonio.

♥

Reconocer las pérdidas del adulterio es doloroso. Ninguno de nosotros quiere perder nada de lo que considera importante para sí. Pero sólo reconociéndolas podemos aceptarlas y seguir avanzando en nuestro viaje a la sanidad.

Preguntas para considerar y conversar

1. Gary sintió que había perdido su iglesia en muchos sentidos. ¿Cómo reaccionaría usted ante alguien como Gary en su iglesia?

2. Mona perdió para siempre la colcha de su cama por lo que ocurrió. ¿Hay alguien que usted identifique como una pérdida permanente? ¿Hay algo sin lo que pueda vivir?

3. ¿Cómo le ha afectado la infidelidad a su intimidad sexual? ¿Es algo sobre lo que puedan hablar juntos?

4. ¿Cree que la fidelidad se puede restaurar en un matrimonio dañado por la infidelidad? ¿Por qué o por qué no?

5. Vuelva a leer la analogía de la pierna rota sobre reconstruir la confianza. ¿Cuáles podrían ser algunas de las cosas que necesita poner en su sitio que representarían la escayola durante su proceso de sanidad?

6. ¿Cómo ha cambiado la infidelidad la forma en la que piensa de usted mismo?

7. ¿Ha perdido algo en su iglesia debido a la infidelidad? ¿Puede identificarlo?

8. Lea el Salmo 46:1-2. ¿Puede identificar alguna forma en la que Dios haya sido su ayuda durante este tiempo?

9. ¿Qué área de pérdida le ha afectado más? ¿Qué área cree que le ha afectado más a su cónyuge?

10. Lea Habacuc 3:17-19. Habacuc afrontó una pérdida terrible, y, sin embargo, fue capaz de escribir estas palabras. ¿Puede creer que Dios le mantendrá seguro en este viaje?

8
Hablar, hablar y volver a hablar

¡Así que no tengan miedo!
Lo que ustedes deben hacer
es decirse la verdad...
Zacarías 8:15-16

La historia de Mona
(Cerca de un año después de la revelación)

Costó mucho comportarse como un ser humano normal. Desempeñar las actividades de cada día de una mujer y madre requería llegar hasta los escondrijos más profundos de mí misma y sacar a relucir la poca fuerza que pudiera encontrar. Cuando terminaba la cena y de lavar los platos, terminaba las tareas de la casa y acomodaba a los niños en sus cuartos para dormir, estaba exhausta.

Este proceso de sanidad estaba siendo más largo de lo que yo había esperado, pero no podía fingir estar sana cuando no lo estaba. Sabía que Gary estaba listo para terminar. ¡Lo siento! Este viaje no había sido idea mía, para empezar.

Sin embargo, tenía que reconocer lo de Gary. Estaba arrepentido. Había conseguido ser un libro abierto y me había

145

dado permiso para hacerle cualquier pregunta. Él respondía muchas preguntas que sé que no quería. Ciertamente intentaba evitar algunas, especialmente sobre sus sentimientos y pensamientos, pero pronto se dio cuenta de que si no podíamos estar juntos ahora, compartiendo libre y abiertamente, había muy poca esperanza de que pudiéramos hacerlo algún día.

Mucha gente me preguntó cómo podía ni considerar estar con él. ¡Qué pregunta! Soy cristiana. Conozco lo que la Biblia dice sobre el matrimonio. Creo que Dios permitió el divorcio para proteger al inocente, pero no es nunca lo que Dios quiso. Dios odia el divorcio. Él lo dijo, y teníamos tres hijos. Habíamos tenido demasiadas oportunidades de ver lo que el divorcio provoca en los niños. No queríamos fingir que ellos estarían mejor. Pero lo fundamental era que Gary quería que nuestro matrimonio sobreviviera, y estaba dispuesto a pasar por el duro trabajo de reconstruirlo. ¿Cómo podía yo justificar ni siquiera querer intentarlo?

Gary salió de leerles a los chicos una historia. Había envejecido un poco. Yo también, y parecía cansado, igual que yo. Me miró y dijo:

—¿Qué quieres hacer?

Pobre hombre. Él sabía lo que le esperaba: otra charla, más agonía, más lágrimas; pero parecía ser lo único que podíamos hacer. La catarsis parecía que nunca terminaba.

—Vamos a sentarnos en el spa—dije—.Es una noche preciosa.

Así que nos cambiamos, preparé un refresco y salimos. La noche era clara y el cielo estaba lleno de estrellas.

Habíamos conseguido el spa y construimos un cenador cuando nuestro hijo pequeño era solo un bebé. Había sido la primera cosa "frívola" que habíamos hecho nunca. Pero nunca lo lamentamos. Nuestros pequeños aprendieron a nadar allí, y pasamos innumerables horas aquí como familia, ¡con nada que hacer salvo hablar! Sonreí al recordar las risas y los salpicones que los tres niños hacían en este lugar. Incluso podía mirar por encima y ver la piscina que más tarde añadimos, y recordar los días de invierno cuando los niños se retaban entre ellos a saltar al agua fría. Podía ver sus cuerpecitos correr (¡saltándose las reglas!) hacia la piscina y saltar en ella. Salían gritando al sentir el agua helada, pero se quedaban ahí y nadaban un rato, y finalmente volvían tiritando al spa para calentarse. Gary y yo sonreíamos al ver lo locos que estaban nuestros hijos.

Pero eso había cambiado tras la revelación de Gary; ya no había mucha risa en este lugar, y si por casualidad éramos capaces de tomarnos un descanso y disfrutar de un breve periodo de tiempo como familia, alguno de los niños entraba en escena. Satanás había estado en auge en nuestro hogar.

Nos sentamos en silencio durante un ratito, escuchando las burbujas de agua.

—¿Cómo te fue el día?—le pregunté.

Comenzamos a discutir un problemilla con un cliente. Hablamos sobre una nota que habíamos recibido de uno de los maestros de los niños. Casi me pareció ser una conversación normal por un instante.

Después volvimos a quedarnos callados. *¿Y ahora qué?* me preguntaba. Podía sentir cómo venían las emociones. El dolor. La tristeza. Las lágrimas brotando de mis ojos. Escuché mi voz haciendo preguntas, oí a Gary responder las mismas preguntas, una vez más. Era casi como si yo estuviera en una esquina, mirando a dos personas en un camino por el que no querían ir, pero sin tener ni idea de cómo irse de allí. Sabía cuál sería la siguiente pregunta antes de oírla. Sabía la respuesta antes de que él la dijera. No encontraba satisfacción en eso, no había ninguna información nueva. Busqué una manera de sonsacar nueva información, intentando averiguar lo que necesitaba saber ahora.

Y luego un pensamiento se me pasó por la mente. *No me importa.* Pero no era un pensamiento del tipo *no me importa porque no queda nada en mí con lo que interesarme.* Simplemente era un pensamiento de *no quiero seguir sabiendo más* (porque ya lo habría oído todo antes). ¡Y porque estaba aburrida!

¡Estaba aburrida con el asunto de su aventura amorosa! Hice un rápido inventario emocional. ¿Dolor? Un poco, pero no exagerado. ¿Tristeza? No, realmente no. ¿Lágrimas? Se habían ido. Eso era extraño. Dentro de mí había algo que no había sentido en mucho tiempo. ¿Qué era? Desinterés. Simplemente ya no estaba interesada.

¡Oh, precioso Señor! ¿Qué significaba eso? No me podía ni imaginar que me volvería a sentir así. ¿Duraría? ¡No me importaba!

Le interrumpí.

—Gary, ¿podemos hablar de otra cosa?

La historia de gary
(Menos de seis meses después de la revelación)

Estábamos de nuevo en el spa, donde podíamos estar solos y hablar abiertamente sin temor de que los niños nos oyeran, y podíamos sentarnos sin distracciones por un rato. Así que eso es lo que hicimos, arrugándonos como pasas mientras hablábamos de la aventura amorosa. Lo odiaba.

Quería avanzar, no mirar atrás. No quería recordar mi pecado. No quería que Mona pudiera visualizar mi pecado con tanta claridad. Hablar de ello, oír las palabras saliendo de mi boca, le causaba mucho dolor, y a mí también me dolía.

Perdí la cuenta de cuántas veces ella había hecho las mismas preguntas, y me estaba empezando a frustrar. Yo sabía que no tenía ningún derecho a enojarme. Era culpa mía el hecho de que estuviéramos en ese punto, para empezar; pero es duro responder a una pregunta que sabes que va a destrozar a tu esposa. Aquí estoy intentando reconstruir el matrimonio, y con toda mi honestidad parece que estoy causando más y más dolor, retrocediendo después de cada sesión de preguntas. Sabes que después de responder a una pregunta por enésima vez, ella se deprimirá y comenzará a llorar. Luego, cuando finalmente empieza a mostrar síntomas de progreso, ¡*me hace la misma pregunta otra vez!* Parecía un proceso enfermizo que se repetía una y otra vez.

Intentando evitar el ciclo negativo, cambiaba a modo control de daño. Si pudiéramos evitar hablar, evitaríamos el dolor, y quizá podríamos volver a algún tipo de normalidad. ¡Erróneo! Según ella, eso significaba que yo no estaba dispuesto a trabajar en nuestro matrimonio; por tanto, es que no quería estar con ella, y eso la hacía deprimirse aún más.

¿Qué haríamos con eso? Me sentía atrapado y asustado. Sabía que si respondía con todo detalle, ella caería otra vez en picado, y podrían pasar días hasta que pudiera volver a funcionar. Pero si retenía algo o mi respuesta cambiaba lo más mínimo, ella se enfocaría en eso, y la caída en picado comenzaría igualmente. Además, en su mente, yo estaría volviendo a mentir otra vez, y eso nos retrasaría incluso más. No había manera de que yo ganase.

Mona comenzó un aluvión de preguntas. Las respuestas parecían una mezcla de masoquismo y sadismo. ¿Qué bien haría esto? Mona justificaba sus preguntas diciendo que yo le había robado y que necesitaba saber qué era lo que me había llevado.

Me tocaba responder una pregunta. Le miré directamente a los ojos, y dije: "¿Realmente quieres que responda esa pregunta?". Eso la detuvo. Al menos lo suficiente para pensar en lo que realmente estaba preguntando. No recuerdo cómo di esa respuesta, pero pareció que fue de ayuda. Nos dio a ambos una oportunidad de detenernos y tomar aire.

No sabía cómo describirle aquellos días. Ella se estaba consumiendo: consumiendo de dolor, consumiendo con preguntas. Algunos días apenas podía funcionar. Otras veces, no obstante podía ver de forma breve a la mujer racional y confiada con la que me había casado. Esta pregunta: "¿Realmente quieres que conteste esta pregunta?", pareció que ocasionalmente le hablaba a esa mujer.

Pude ver su mente trabajando, planteándose la pregunta que le había hecho y también la respuesta que ella daría. Nunca sabía cómo ella iba a responder. A veces me miraba y decía: "Tienes razón. No tengo que volver a eso". Otras veces, se detenía, pensaba un rato y luego me miraba y decía: "Sí, quiero la respuesta. Te pregunté porque quiero y necesito saber".

Realmente no me gustaba darle ese poder, pero tenía que estar de acuerdo en que ella tenía derecho a decidir lo que quería y no quería oír. No le había preguntado antes de traer este pecado a casa. Si ella iba a vivir con las consecuencias del mismo, tenía derecho a decidir lo que necesitaba saber. Si teníamos alguna posibilidad de reconstruir este matrimonio, no había lugar para mentiras o verdades a medias.

La historia sobre hablar

En nuestros grupos, respondemos más preguntas relacionadas con hablar durante la recuperación del adulterio que sobre cualquier otro tema. Podríamos pensar que la confianza o el perdón, o incluso el sexo, saldrían con más frecuencia, pero en realidad, la conversación es el puente que puede traer la confianza, el perdón *y* el sexo.

También debemos decir aquí que la consejería cristiana profesional es un beneficio que la pareja lidiando con la recuperación del adulterio no se puede permitir ignorar. Si alguien a quien usted ama se cae de un árbol y está tendido en el suelo, con un hueso roto y sangrando, usted le ayudaría inmediatamente. Ahora mismo, su matrimonio está tirado en el suelo, roto y sangrando. Necesita ayuda. Una vez que estén establecidos con un buen consejero, los tres podrán decidir con qué frecuencia y durante cuánto tiempo necesitan reunirse.

Lo que sigue no es un estudio de conversación exhaustivo. Hay muchos libros dedicados a los estilos y habilidades de comunicación. Sin embargo, ofreceremos aquí soluciones para los problemas más comunes que nos hemos encontrado tanto en nuestros grupos como en nuestra propia recuperación.

Intente no evitar

Muchas parejas harán cualquier cosa por evitar hablar, y tienen razón para ello. Las emociones intensas, como la ira y el temor, salen rápidamente a la superficie y a menudo se desbordan, haciendo que nuestras conversaciones sean dolorosas y cansadas.

Comúnmente, es el infiel el que desearía no tener que hablar más sobre el pecado, sintiendo el dolor y la vergüenza de ser expuesto y condenado emocionalmente repetidas veces. Las conversaciones normalmente terminan con el cónyuge devastado, deprimido y herido; por tanto, ¿cuál es el sentido de *volver* a hablar de ello?

Por otro lado, ocasionalmente hemos visto a un cónyuge que no quiere hablar. El cónyuge lo racionaliza diciendo que con perdonar es suficiente. Mejor no molestar a los perros que duermen, por decirlo de alguna manera; y el infiel está contento de acceder, de "no hacer sufrir al cónyuge". Superficialmente esto parece un gesto noble.

Constantemente nos preguntan qué es mejor para sanar cuando se trata de hacer y contestar preguntas. La mayoría de los terapeutas concuerdan en que es necesaria una revelación completa para que haya sanidad. Las diferencias vienen al a hora de definir "revelación completa" y durante cuánto tiempo es saludable que continúen esas conversaciones.

El temor es que demasiada información pueda crear imágenes mentales dolorosas que puedan obsesionar y torturar. Pero uno de los cónyuges en un grupo lo dijo muy bien de esta manera: "¿Realmente cree que la verdad puede dañar más que lo que yo me estoy imaginando?". Los cónyuges a menudo dicen estar inundados de imágenes gráficas antes de oír cualquier detalle. Creemos que saber lo que ocurrió de hecho puede disminuir esos pensamientos e imágenes.

En nuestra opinión, la decisión final de cuánta información se comparte está en manos del cónyuge. La Dra. Shirley Glass dice que lo que la necesidad de saber de los cónyuges traicionados es el factor determinante de cuánto detalle y discusión es necesario.[1] Y nosotros estamos de acuerdo con Dave Carder en que hay una línea muy delgada en el hablar, pero es mejor pasarse de mucha revelación que de poca.[2]

Si el cónyuge no quiere hacer preguntas, eso también es su decisión. Sin embargo, el cónyuge debería tener la libertad de hacer preguntas si surgiera después la necesidad, y tener la seguridad de que le infiel le dará respuestas sinceras.

¿Cuánto tiempo es suficiente?

Algunos cónyuges nos han dicho que han acordado un tiempo límite para la libertad de hacer preguntas. Por ejemplo, la conversación de preguntas y respuestas se limitó a una sola sesión en la oficina del consejero o a una semana o dos en casa. El problema con esto es que al cónyuge a menudo le cuesta procesar al principio, y ni siquiera sabe qué preguntas hacer aún. Por otro lado, si no se pone un tiempo límite, existe el temor de que el cónyuge se "obsesione", retrasando así el proceso de sanidad. Nosotros le animamos a considerar dos preguntas si existe algo de obsesión:

¿Realmente necesita saber más información?

¿Conoce ya la respuesta?

Creemos que las preguntas cesarán a medida que progrese la sanidad y el cónyuge se convenza cada vez más de que el infiel está siendo veraz. Si no cesan, quizá haya un problema de sanidad o el cónyuge crea que el infiel está continuamente reteniendo información. Ciertamente es aquí donde un buen consejero puede ayudar a una pareja a tomar buenas decisiones para su recuperación. Cuando al cónyuge le dicen que el tiempo para hacer preguntas se ha terminado o cuando se retiene información, dice que se siente como si le estuvieran engañando más y cierra el proceso de sanidad.

Para salirnos del ciclo de hablar, dolor, más hablar, más dolor, nosotros usamos la herramienta que Gary describió en su historia al principio de este capítulo. Él le preguntó a Mona: "¿Realmente quieres saber la respuesta a esa pregunta?". Si íbamos a reconstruir la relación, Gary tenía que darle a Mona la oportunidad de decidir por ella misma lo que quería y no quería oír, además de cuántas veces quería oírlo. Recuerde: ¡no se termina hasta que ambos dicen que se ha terminado!

Tratar el enojo

El enojo sin resolver se convierte en resentimiento. El resentimiento ha sido definido como "enojo con historia", una mutación de la emoción natural humana.[3] Es importante entender que el enojo es una respuesta natural ante un daño que se inflige o se percibe.

Nuestros amigos Joe y Michelle Williams dicen que el enojo es una emoción que nos es dada por Dios con un propósito. Ahora consideran la emoción del enojo como una señal de aviso para su matrimonio. Ignorarlo sería como ignorar el dolor físico que le dice que algo anda mal en su cuerpo.[4]

Gary había estado enojado con Mona durante un largo tiempo antes de la aventura amorosa, pero no quería decepcionar el estatus quo hablando de ello. Y la verdad era que Mona no era muy accesible; él no se sentía seguro llevándole sus preocupaciones. Los dos, retrospectivamente, éramos conscientes de su resentimiento, pero ninguno tomó la iniciativa o empleó energías en tratar eso. El callado resentimiento de él desconcertaba a Mona y creaba una atmósfera propicia para una aventura amorosa. ¡Cómo deseamos ahora haber tratado el asunto de su enojo!

Hay un par de principios que pueden ayudarle a tratar el enojo sin resolver. No permita que su enojo le controle. Si estamos descontrolados verbal o físicamente, estamos en pecado, y la verdad es que no se puede hacer nada significativo en esa atmósfera.

Este es un momento donde es apropiado pedir un tiempo muerto. Cada una de las partes debería tener el permiso de decir "No puedo hablar de esto ahora mismo. Tenemos que volver a tratarlo después. Volvamos a hablar en una hora" (o el tiempo que le parezca más apropiado). Sin duda, esto probablemente no se recibirá con gran entusiasmo, pero hay que permitirlo. Nuestra mayor precaución para los que eligen esta opción es asegurarse de cumplir su palabra y volver a ello. Y esa responsabilidad cae sobre el que he pedido el tiempo muerto.

Adicionalmente, es importante entender que procesar y desahogarse son dos cosas distintas. Procesar implica movimiento y cambio. Desahogarse implica soltar, sacarlo todo. Procesar frecuentemente conlleva desahogarse, pero el resultado final de procesar es dejarlo ir.

Tenemos que estar dispuestos a dejar ir el enojo cuando hemos tratado la causa. Se siente muy bien, especialmente si usted es al que le han hecho el daño. Y creemos que algunos se aferran a su enojo porque se siente mejor que el dolor que a menudo sigue. Hay algunas respuestas que nunca serán suficientes para entender lo que ha ocurrido, al igual que no hay razón que justifique la decisión de cometer adulterio. Esté dispuesto a hablar sobre las causas de su enojo para que pueda tratarlas y la emoción se pueda ir.

Manténgalo en privado

Encuentre tiempos en privado para estas discusiones. Como hemos dicho, muchas de nuestras discusiones se produjeron en el spa, donde teníamos la privacidad casi asegurada.

La mayoría de nuestras parejas pasaron muchas noches hablando en la cama. Estaba tranquilo. Los otros miembros de la familia estaban dormidos. El teléfono y el timbre no sonaban muy a menudo. Las parejas no durmieron mucho, pero hicieron mucho trabajo. Y creemos que la quietud de la noche también ayuda a controlar un poco el volumen de la voz.

Ustedes no sólo necesitan privacidad, sino que ambos necesitan también sentirse a salvo. Cada uno de ustedes necesita decir toda la verdad en amor desde el fondo de su corazón. Este no es el momento de minimizar o criticar los sentimientos o percepciones del otro. Los sentimientos y las percepciones son reales, incluso aquellos que quizá no creamos que están justificados. El objetivo es ayudarse el uno al otro a afrontarlos. Propóngase escuchar con atención y hacer su mejor esfuerzo por afirmar a su cónyuge. Cuando sea posible, dele las gracias a su marido o esposa por decirle la verdad. Tanto pedir oír la verdad como decir la verdad son cosas difíciles, así que sean conscientes de que son extremadamente vulnerables.

Además, estas conversaciones deben quedar entre ustedes dos. Ya es lo suficientemente difícil intentar pasar por esto juntos sin preocuparse sobre quién más podría saberlo. Si uno de ustedes siente la necesidad de compartir algo que su cónyuge ha compartido con usted, creemos que necesita primero el permiso de su cónyuge. Sin embargo, ambos tienen que tener plena libertad cuando comparten con el consejero que han buscado para que les ayude en este proceso.

Reconstruir un matrimonio tras una infidelidad es un proceso largo, y hablar juntos puede ser el comienzo: para ambos. También servirá para ayudarle a continuar en los momentos más difíciles. El cónyuge tiene problemas debido a la traición, las mentiras y el engaño. El infiel tiene problemas porque él o ella ahora son vulnerables ante el cónyuge. El cónyuge ahora está en posesión de algunas armas muy eficaces que podrían volverse fácilmente en contra del infiel. Su compromiso el uno con el otro significa que decide usar el conocimiento para el bien de su matrimonio, no para su destrucción.

Respuestas a los arrebatos emocionales

Nos encantaría abrir esta sección con: "*Si* ocurrieran arrebatos emocionales…", pero ya lo sabemos. "¡Ni siquiera sabía que ella conocía esas palabras!"; "¡Nunca antes le había oído hablar de esa manera!"; "¡Nunca le había visto así!". Hemos oído estas frases muchas veces en nuestros grupos porque, tristemente, los arrebatos emocionales ocurrirán. No serán bonitos, y nos sacuden a la mayoría. Intelectualmente, sabemos que dentro de un arrebato emocional hay una persona muy herida y enojada. Pero la realidad es que se puede lograr muy poco, si se consigue algo, en una atmósfera de volatilidad emocional. Si acaba de perder los papeles con su cónyuge, este es un buen momento para pedir un tiempo muerto. Y cuando se haya calmado, vaya con su cónyuge y discúlpese. Discúlpese por lo que haya dicho o hecho que no haya ayudado al proceso de sanidad. No creemos que tenga que disculparse por los sentimientos —estos son reales y verdaderos—, pero tiene que decir que lo siente por la manera en que los haya manejado en ese momento en particular.

Para los que se encuentren en el otro lado del arrebato emocional, aquellos que lo reciben, les animamos a no reaccionar ante él. Eso no significa que se aleje e ignore a la persona; les estamos pidiendo que pasen por alto el comportamiento. Gary se aferró a Proverbios 15:1: "La respuesta amable calma el enojo, pero la agresiva echa leña al fuego". Cuando Mona explotaba, él no respondía con enojo ni dolor. Se enfocaba en lo que ella estaba sintiendo. O bien reconocía el sentimiento ("Estás muy dolida") o compartía amablemente la verdad ("No podemos progresar si me gritas. Háblame. Explícamelo. Trabajemos juntos."). Era difícil seguir un arrebato emocional bajo esas circunstancias. En algún lugar entre su "amable respuesta" y el Espíritu Santo, Mona a veces podía recobrar su conducta.

Responder con amabilidad a un arrebato emocional es difícil, por decir lo mínimo. Además, a menudo vemos a los infieles a quienes les va bien por un tiempo y luego comienzan a responden emocionalmente ellos mismos. Muchas veces las razones que se dan para este cambio de comportamiento es un deseo de intentar controlar la respuesta emocional que el cónyuge sigue teniendo ante la infidelidad. Es como si se permitiera una cantidad de tiempo específica para procesar y cualquier cosa más allá de lo que se consideraría inaceptable. El mensaje que oye el cónyuge es que es hora de "seguir" y "dejar de sacar a la luz el dolor todo el tiempo".

Lo que hemos observado cuando ocurre esto es que, mientras un cónyuge cree que está ayudando, lo que está ocurriendo en verdad es que, en cambio, el proceso se está retrasando. La verdad es que nadie puede controlar la forma o el tiempo en que otra persona lo procese todo, y mucho menos un evento traumático. Pero todos podemos ayudar al otro a obtener perspectiva y aprender a controlar nuestras emociones de una forma más saludable.

Nosotros a menudo tuvimos que tomar el camino de lo que se ha llamado "escucha reflexiva". Es cuando el oyente escucha, luego repite o "refleja" el mensaje al emisor. Puede comenzar con algo como: "Quieres decir que...". Pensábamos que nos comunicábamos bien hasta que usamos esta técnica para ayudarnos con el tsunami emocional que estábamos experimentando. Fue cuando nos encontramos yendo hacia adelante y hacia atrás varias veces cuando nos dimos cuenta de que quizá no nos estábamos comunicando tan bien. Ambos teníamos momentos de sentarnos con la boca abierta por lo que el otro había entendido de lo que le habíamos dicho. Pero seguíamos repitiendo y explicando lo mismo hasta que ambos entendíamos lo mismo.

La otra sugerencia que tenemos es que hable de usted mismo. No recomendamos en ninguna manera decirle a su pareja lo que cree que él o ella están o no están pensando. Cuando alguien intenta hablarle de usted mismo, puede ser algo que acelere su defensa. Si usted quiere expresar cómo se siente cuando alguien se comportó de cierta manera, comience con "Yo" y céntrese en lo que usted vio, sintió o escuchó.

El objetivo es que ambos pasen por esta recuperación y terminen con una relación que puedan disfrutar juntos. Háblense el uno al otro. Manténganlo en privado. Ayúdense el uno al otro a procesar las cosas a su ritmo y a su manera. Enfóquense en mantener ese entorno que promueva la sanidad. ¡Vale la pena!

Preguntas para considerar y conversar

1. Mona se sorprendió cuando no quiso hablar más sobre el adulterio. ¿Qué cree que le ayudó a llegar a un punto de no necesitar hablar o hacer preguntas?

2. Cuando Gary cuestionó si la pregunta de Mona era saludable o beneficiosa para la sanidad, le preguntó si ella realmente quería oír la respuesta. ¿Por qué cree que funcionó? ¿Puede pensar en otras formas de manejar la misma situación que beneficiarían al proceso de sanidad?

3. ¿Por qué es común que los infieles se resistan a hablar y a responder preguntas sobre el adulterio?

4. ¿Por qué es común que un cónyuge sienta la necesidad de hablar sobre la infidelidad y hacer la misma pregunta una y otra vez?

5. El resentimiento es enojo con historia. ¿Qué le da más miedo, el resentimiento o el enojo? ¿Por qué?

6. Hay diferentes opiniones sobre cuántos detalles se deberían compartir con el cónyuge. Discuta cómo están tratando como pareja este asunto y porque está o no funcionando.

7. ¿Cree que su cónyuge está manteniendo su conversación en privado? ¿Es esto importante para usted?

8. Hablamos de pedir un tiempo muerto, de usar la escucha reflexiva, y de enfocarse en hablar de usted mismo. ¿Dónde le está yendo bien y dónde necesita mejorar?

9. Lea Efesios 4:15. ¿Qué se nos pide hacer y cuál es el beneficio?

10. Lea Proverbios 14:17 y 15:1. ¿Cómo puede aplicar esto a su recuperación y por qué querría hacerlo?

9

Perdón

*Porque si perdonan a otros sus ofensas,
también los perdonará a ustedes
su Padre celestial.*

Mateo 6:14

LA HISTORIA DE GARY
(Poco después de la revelación)

Fue una de esas mañanas extrañas en las que tuve la oportunidad de estar a solas con Dios y tener algo de tiempo tranquilo. Mona y yo aún estábamos frescos en el proceso de recuperación. Sólo habían pasado unas semanas desde la noche en que yo había llegado a casa y confesado mi aventura amorosa. Mona se pasaba más mañanas durmiendo que despierta. Pero después de lo que yo le estaba haciendo pasar, parecía que lo menos que podía hacer era dejarla dormir después de haber pasado una noche difícil. Así que yo había levantado a los niños y los había llevado a la escuela.

Ahí me encontraba, a solas con Dios, usando un material de devocional diario en el que iba retrasado. Extrañaba esos tiempos con Dios. Después lo entendí: lo único que había vuelto a recuperar era mi relación con el Señor. El pecado en mi vida había terminado con cualquier tipo de cercanía que yo hubiera sentido con Dios. Pero desde que lo había confesado y me había arrepentido, estaba volviendo a sentir su presencia. Ese día, de hecho, me sentía bastante bien. Estaba conectando con mi Señor, y era maravilloso.

Oí que se abría la puerta del dormitorio al final del pasillo y vi a Mona caminando. Se dirigió a la cocina en busca de su primera taza de café. Esta era mi esposa. Parecía que alguien le había dado una paliza tremenda y luego la había dejado tirada pensando que había muerto. Ni siquiera hizo un intento de decir "buenos días". Imagino que debería olvidarme de los de "buenos"; apenas podíamos con el "día" en esa época.

La conversación de la noche anterior vino a mi mente como un torrente. Habíamos comenzado a hablar después de acostar a los niños. Ni siquiera me acordaba ahora de los detalles que habíamos estado discutiendo, pero yo había dudado e intenté recomponer mis pensamientos antes de responder. Ella había pasado esos mismos momentos imaginándose lo peor. A partir de ahí todo fue en picado. Había estado llorando hasta quedarse dormida; otra vez. Yo estaba ahí tumbado, despierto, mirando a la oscuridad de una habitación que parecía tan fría y húmeda como una tumba. Me preguntaba si esa habitación algún día se calentaría con la felicidad.

Observaba a Mona mientras se abría paso con éxito hacia la cafetera, se servía su café y volvía a la habitación. Oí que se cerraba la puerta tras ella.

De nuevo volvía a estar solo, y pude aún sentir la presencia de Dios. Me sentí perdonado por Él. ¡Realmente lo sentía! No lo merecía, pero era un regalo que recibí con gusto.

También sabía de algún modo que Mona también me

perdonaría. No sabía cómo lo sabía, pero en ese momento estaba seguro de que me perdonaría. Sabía que si nos aferrábamos, ella no sólo seguiría conmigo sino que también algún día me perdonaría por lo que le hice. Me llené de emoción: amor y agradecimiento hacia Dios y hacia Mona. Luego la imagen de Mona entrando en la cocina vino a mi mente. Mona era un caso perdido. La noche anterior sintió nuevamente que su corazón se le volvía a romper, a salírsele del pecho, y yo era la causa. No pudo ni dormir tres horas en toda la noche, y ahí estaba yo, inundado de emoción por saber que Dios me había perdonado y que algún día ella también me perdonaría. No me parecía justo, y claro que no lo merecía. ¿Cómo podía ella perdonarme después de lo que le había hecho?

Mis oraciones se volvieron sombrías. *Dios, gracias por tu increíble misericordia y tu fidelidad al perdonarme. Señor, gracias por una esposa que ama verdaderamente. Con tu ayuda, sé que me perdonará por todo el daño que la he causado, pero Señor, ¡oh Señor! ¿Cómo podré perdonarme a mí mismo? ¿Cómo puedo concederme el mismo regalo que tú me ofreciste?*

Esto era algo que no había considerado. ¿Perdonarme a mí mismo? ¡No podía! ¡No lo haría! Desde que habíamos comenzado a andar por este camino, había considerado qué pasaría si Mona hubiera tenido una aventura amorosa. Rápidamente deseché esos pensamientos de mi mente porque no estaba seguro de que ni tan siquiera quisiera intentar reconstruir el matrimonio si ese fuera el caso. Luego me sentí incluso más culpable. ¿Cómo podía perdonarme por lo que había hecho? Había pensado que era un mejor hombre, al igual que Mona. Había cometido un pecado terrible y destructivo contra Dios, mi esposa y todo el mundo. ¿Perdonarme?

Los maravillosos sentimientos que había experimentado momentos antes se habían ido.

La historia de Mona
(Más de un año después de la revelación)

Iba a hacerlo.

Había intentado todo lo que sabía. Quizá esto ayudaría. Tenía que hacer algo. Cada domingo era como el anterior. Decidí hacer algo más. Luché por ser lo que decía ser: cristiana. Quería obedecer a Dios en este proceso de recuperación del adulterio. Quería reconstruir mi matrimonio, y Gary y yo estábamos progresando. No era divertido, pero había progreso.

Era en la iglesia donde no parecía avanzar. Era ahí donde veía a la compañera de Gary y su marido cada domingo; o donde pasaba toda la mañana esperando no verlos. Sabía que Dios quería que yo la perdonara. Sabía que yo quería hacer lo que Dios quería que hiciera, y también sabía que, si medíamos los daños, el daño que Gary me había causado había sido mucho peor que el de ella. ¿Pero por qué no me sentía así?

Me había visto con ella algunas veces, y no parecía que eso ayudara; de hecho, en un par de ocasiones tuve que llamarla después y disculparme por mi comportamiento. No me gustaba lo que veía en mí cuando ella estaba cerca, y no eran sólo emociones; realmente tenía una respuesta física: temblor incontrolable, palpitaciones del corazón. Tenía que hacer mi mejor esfuerzo para no correr en dirección contraria.

Me dije a mí misma que, a diferencia de mi relación con Gary, su compañera y yo no teníamos problemas sin resolver. Yo había creído que éramos amigas, pero estaba equivocada. Ella había sido "amiga" de Gary, y para colmo, no parecía que ella quisiera, y mucho menos necesitara, mi perdón.

¿Por qué no podía sentirme yo también de la misma manera? ¿Por qué no podía no tener que necesitar o querer que ella me pidiera perdón? Conocía la respuesta: yo estaba siendo desobediente.

Así que tenía un problema, y tenía que intentar algo más para poder seguir avanzando en este camino. Por eso llamé a su marido. Me había reunido con todos los que estaban implicados en esta historia de horror salvo con él. Marqué, aterrada de que fuera ella quien respondiera al teléfono. No lo hizo. Él accedió a verse conmigo para tomar café en un restaurante local. Sabía que él tenía curiosidad, y yo también. No sabía lo que yo había anticipado, sólo que necesitaba algo que me ayudara y que había agotado todas las demás posibilidades.

Nos sentamos a la mesa, los dos recelosos el uno del otro; pero una vez que comenzamos a hablar, nos fuimos sintiendo más cómodos. Terminamos estando allí un buen rato. Preguntas. Respuestas. La conversación iba del arrepentimiento al perdón. Estaba allí impactada mientras le oía decir que no creía que Gary realmente se hubiera arrepentido o pedido perdón. Intenté dar una apariencia calmada y escuchar, pero dentro de mi cabeza recordaba lo que le había costado a Gary llamar a este hombre poco después de la revelación para verse con él. Recordaba estar orando mientras Gary salía por la puerta para una de las reuniones más difíciles de su vida. Lo habíamos discutido largo y tendido. Su marido tenía todo el derecho a confrontar a Gary, y Gary tenía la obligación de obedecer el pasaje de la Biblia que dice que si has pecado contra otro, vayas y te reconcilies con él (véase Mateo 5:23-24). Gary también había hecho un par de intentos de facilitar la sanidad: una llamada de teléfono, una carta. Algo que ese hombre no había podido ver fue el corazón de Gary.

Y entonces lo entendí. Vi la evidencia del arrepentimiento de Gary. Ese hombre no. Yo había leído la carta que Gary le había enviado. ¿Cómo podía él no ver el corazón de Gary? ¿Era posible que yo estuviera haciendo lo mismo con "ella"? ¿No estaba siendo capaz de ver *su* corazón?

Me fui de esa reunión con nuevas posibilidades resonando en mi cabeza. Quizá mi falta de progreso tenía más que ver conmigo de lo que tenía que ver con ella. Quizá *yo* estaba siendo el obstáculo en el camino.

LA HISTORIA SOBRE EL PERDÓN

Las opiniones sobre el perdón fluyen libremente. Nosotros, como muchos otros, teníamos unas ideas preconcebidas sobre el perdón, y no siempre estábamos de acuerdo. De hecho, muchos no están de acuerdo. Entonces, ¿qué haríamos en medio de esa tormenta en la que el perdón era innegablemente una fuerza importante?

El perdón por el adulterio conlleva varias cosas. No es sólo el cónyuge perdonando al infiel o el cónyuge perdonando a la compañera o compañero por los daños causados a sus familias; también es el infiel perdonando a su cónyuge por no suplir sus necesidades —reales o percibidas— y el infiel perdonándose a sí mismo por escoger el adulterio. Se trata de que los dos se perdonen el uno al otro y a sí mismos por las debilidades que contribuyeron a la situación en la que ahora se encuentran.

Identificar estas áreas lleva tiempo. Cuando uno cree que al menos ha identificado dónde necesita trabajar, Dios en su misericordia trae otra área a la luz. Todo el asunto se vuelve agobiante y confuso.

El diccionario dice que perdón es "dejar de demandar un castigo, cesar de culpar".[1] En la Biblia, las palabras traducidas como *perdón* significan "enviar, soltar o liberar".[2] Un resumen de estas definiciones es *dejar ir el resentimiento por haber sido ofendido.* Charles Stanley dice que el perdón conlleva tres elementos:

1. Admitir de que ha ocurrido un daño.

2. Reconocer que se debe una deuda como resultado de ese daño que se ha cometido en su contra.

3. Cancelar la deuda.

Sigue diciendo que perdonar es un acto en el que se libera a alguien de una obligación hacia usted que es resultado de un mal que han hecho contra usted.[3]

A veces nos cuesta porque no nos hemos permitido reconocer el daño. Pensamos que no tenemos derecho a sentirnos como nos sentimos, o incluso, en algunos casos, quien nos hizo el daño niega que hubiera un daño, y nosotros no sabemos si admitirlo o negarlo. El problema es que si nunca admitimos el daño y nunca reconocemos que alguien debe una deuda como resultado de ese daño, no podemos cancelar la deuda. No podemos eliminar o liberar algo que nunca hemos tenido.

A veces luchamos con el perdón por ideas preconcebidas que hemos tenido acerca de lo que realmente es el perdón. Por tanto, veamos lo que *no* es el perdón para entender mejor la verdad de lo que es el perdón.

Lo que no es perdón

Perdón no es contener o refrenar nuestro daño y enojo. No es hacer como si esos sentimientos no estuvieran ahí. A veces pensamos que los buenos cristianos no sienten enojo o no incurren en una deuda en respuesta a un daño, como si el Espíritu Santo hiciera que todo rebotara y no penetrara. No es cierto. ¿Se acuerda de Cristo en el templo cuando la gente estaba usando mal los atrios del templo? (véase Juan 2:13-16).

Perdón no es descolgar a alguien del anzuelo moral. No ignoramos o desatendemos el mal que nos han hecho. No decimos: "No fue para tanto. No causó tanto daño". Y en verdad no cancela la responsabilidad de la persona ante Dios (véase Romanos 14:12).

Perdón no es una excusa. No es una sugerencia de que si pudiéramos entender verdaderamente el punto de vista del otro, podríamos ver que él o ella no tuvieron alternativa. No decimos: "Entiendo el porqué. Fue una respuesta natural a cómo fue tratado". Entender los motivos y las razones puede ayudarnos a procesar, pero eso no es perdón.

Perdón no es olvidar o algún tipo de amnesia sentimental. No decimos: "Ni siquiera pienso en ello". No podemos olvidar. El versículo que dice que Dios no se "acuerda" más de tus pecados (Isaías 43:25 y Hebreos 8:12) significa que no los trae a la mente, que no piensa en ellos. No es que Él sea incapaz de recordar.

Perdón no es confiar. Estos son dos asuntos separados. Yo puedo perdonar a alguien por estrellarse imprudentemente con mi auto, pero eso no significa que le vaya a dar a esa persona las llaves de mi auto nuevo y a poner a mis hijos en el asiento de atrás. Eso implicaría que confío en tal persona. La confianza requiere la cooperación de más de una persona. El perdón no.

Y finalmente, *perdón no es reconciliación.* La reconciliación significa que después de una ruptura de una relación, algo ha cambiado y la amistad se ha reanudado. Usted puede perdonar sin querer que se produzca la reconciliación o sin lograrla.

Lo que es perdón

El perdón es un asunto entre usted y Dios. Beth Moore dice que "el perdón conlleva el que yo le entregue a Dios la responsabilidad de la justicia".[4]

Eso es duro, porque va contra nuestra naturaleza. Nos cuesta perdonar porque los daños que otros nos han causado nos duelen mucho, y queremos que los que nos han hecho mal experimenten ese mismo mal.

No es que no seamos capaces de perdonar, sino más bien que nos da miedo lo que nos pueda costar el perdón. No queremos que nos exploten o parecer tontos, y sin duda el perdón es más fácil si alguien quiere ser perdonado.

El perdón es importante. Si usted se encuentra activamente implicado en esta lucha, lo sabrá. Y no pensar en el problema no hace que desaparezca. Un pastor amigo mío una vez le dijo a Mona que detrás de la mayoría de los problemas espirituales se encuentra el asunto del perdón. Nosotros también lo creemos.

Entonces, ¿qué hacemos? ¿Cómo manejamos este asunto tan importante como cristianos? ¿Cómo manejamos daños muy reales y tangibles como el caso del adulterio?

Nosotros nos hicimos estas preguntas. Mona especialmente luchaba con esto. Dios la llevó en un viaje para ver lo que Él tenía que decir sobre el perdón a fin de que pudiera corregir algunas de esas falsas ideas. Nos gustaría compartir con usted lo que aprendimos de nuestro estudio de las Escrituras. Independientemente de cómo responda usted a lo que aprenda, conocerá la verdad sobre el perdón.

Mateo 6:9-13 contiene enseñanzas de Jesús sobre cómo orar. Él dijo: "Ustedes deben orar así: Padre nuestro que estás en el cielo, santificado sea tu nombre, venga tu reino, hágase tu voluntad en la tierra como en el cielo. Danos hoy nuestro pan cotidiano. Perdónanos nuestras deudas, como también nosotros hemos perdonado a nuestros deudores. Y no nos dejes caer en tentación, sino líbranos del maligno". A menudo nos detenemos aquí, pero Jesús no lo hizo. En los versículos 14-15, explicó la relación entre nuestro perdón hacia los demás y su perdón hacia nosotros.: "Porque si perdonan a otros sus ofensas, también los perdonará a ustedes su Padre celestial. Pero si no perdonan a otros sus ofensas, tampoco su Padre les perdonará a ustedes las suyas".

¿Recuerda que dijimos que la palabra *perdonar* en las Escrituras significa "enviar, soltar o liberar"? Jesús enseñó que desobedecer en este asunto (no perdonar) es asegurarnos de que lo que tenemos que enviar (nuestros pecados) se quedarán con nosotros. Viviremos con ellos todos los días.

¿A quién le estaba hablando Jesús? Si retrocedemos hasta Mateo 5:1, vemos que estaba hablando a creyentes: sus discípulos, sus hijos. Recuerde: la oración está dirigida a "nuestro Padre". Este no es un pasaje sobre la salvación sino sobre cómo vivir como un creyente.

La falta de perdón bloquea el gozo y la paz. Interfiere en su relación con Dios. ¿Podría la tentación mencionada en 6:13 ser la de retener el perdón? "Y no nos dejes caer en tentación" va justamente después de la frase que dice que Dios nos perdona si nosotros perdonamos a otros. ¿Acaso el no perdonar le facilita a Satanás su acceso a nosotros? Nosotros creemos que sí. Satanás busca continuamente romper nuestra relación con nuestro Padre celestial. Siempre que desobedecemos a Dios, o pecamos, esto nos distancia de nuestro Señor. Cristo vino para reconciliarnos con Dios. También vino para que nos reconciliáramos entre nosotros.

Veamos Mateo 18:23-35, la parábola del siervo despiadado. Jesús usó una historia para ilustrar una verdad o principio.

Versículos 23-27: "Por eso el reino de los cielos se parece a un rey que quiso ajustar cuentas con sus siervos. Al comenzar a hacerlo, se le presentó uno que le debía miles y miles de monedas de oro. Como él no tenía con qué pagar, el señor mandó que lo vendieran a él, a su esposa y a sus hijos, y todo lo que tenía, para así saldar la deuda. El siervo se postró delante de él. "Tenga paciencia conmigo —le rogó—, y se lo pagaré todo." El señor se compadeció de su siervo, le perdonó la deuda y lo dejó en libertad".

"Miles y miles de monedas de oro" era una deuda enorme que el siervo debía genuinamente.

Versículos 28-30: "Al salir, aquel siervo se encontró con uno de sus compañeros que le debía cien monedas de plata. Lo agarró por el cuello y comenzó a estrangularlo. "¡Págame lo que me debes!", le exigió. Su compañero se postró delante de él. "Ten paciencia conmigo —le rogó—, y te lo pagaré". Pero él se negó. Más bien fue y lo hizo meter en la cárcel hasta que pagara la deuda".

Esta cantidad era pequeña en comparación con lo que el primer siervo debía. Aquel que acababa de recibir misericordia se negó a hacer lo mismo con otro. Estos dos hombres eran culpables. Los dos debían una deuda.

Como cristianos, nos han perdonado una gran deuda. Somos incapaces de comprender la deuda, y mucho menos la misericordia que costó.

Versículos 31:34: "Cuando los demás siervos vieron lo ocurrido, se entristecieron mucho y fueron a contarle a su señor todo lo que había sucedido. Entonces el señor mandó llamar al siervo. "¡Siervo malvado! —le increpó—. Te perdoné toda aquella deuda porque me lo suplicaste. ¿No debías tú también haberte compadecido de tu compañero, así como yo me compadecí de ti?" Y enojado, su señor lo entregó a los carceleros para que lo torturaran hasta que pagara todo lo que debía".

Este siervo fue encerrado y entregado a los carceleros para ser torturado.

El versículo 35 es la frase de conclusión de Jesús: "Así también mi Padre celestial los tratará a ustedes, a menos que cada uno perdone de corazón a su hermano".

La falta de perdón nos asegura que seremos torturados. Piense en toda la gente amargada que conoce. Son incluso más miserables que los que les rodean.

¿Cómo nos aseguramos de que esto no nos ocurra? Debemos perdonar, así que, con esto en mente, le ofrecemos dos razones para perdonar.

Perdone para obedecer a Dios.

Perdone para ser liberado de la opresión.

Nos damos cuenta de que no le estamos pidiendo hacer una tarea fácil, pero nos gustaría darle cinco cosas realistas y prácticas que puede comenzar ahora mismo y que le llevarán hacia el perdón.

Enfóquese en usted y su relación con Dios

El perdón bíblico no es una función humana. Puede que tenga que comenzar pidiéndole a Dios que le dé el deseo de ser obediente. No tiene sentido fingir. Él sabe cómo se siente usted, así que pídale que le capacite para ser el cristiano que Él quiere que sea. Admita que no quiere hacer esto, hable con Él y dele la oportunidad de que le hable. Cambiar su corazón es tarea de Él, y Él es capaz de hacerlo.

Pase tiempo en la Palabra de Dios. Lea todo lo que encuentre sobre el perdón. Busque en la concordancia de su Biblia, y lea los versículos (hay muchos). Lea uno o dos y hable con Él sobre lo que Él ha dicho. Pida entendimiento, y repítase estas verdades hasta que las reconozca como algo verdadero.

Reconozca el daño y el dolor

Le han hecho daño; negarlo sólo le da a ese dolor más poder y crea una barrera ante el perdón. Si no puede compartir su daño porque compartirlo le provocará demasiado dolor, entonces sabe que su herida está infectada, que es dolorosa incluso con un simple toque. A medida que ambos trabajamos con el dolor y el daño, comenzaron a calmarse. Ahora eso es un triste recuerdo. Nunca estaremos como si no hubiera ocurrido, pero podemos sanar. Reconocer el daño y el dolor es un primer paso en esa dirección.

No estamos hablando sobre compartir para causar dolor a la persona que produjo su dolor. Puede que necesite compartir su dolor sólo con Dios o con un consejero cristiano. Eso no significa negar algunos de los otros principios de los que hemos hablado. El punto aquí es identificarlo y reconocerlo. Algunas personas con dolor han escrito todo con todo lujo de detalles gráficos y horribles y luego han quemado el documento. Mona estuvo algún tiempo escribiendo cómo se sentía con lo que Dios había permitido. Escribió con detalles explícitos lo que pensaba acerca de todo y de todas las personas implicadas, y luego añadió lo que ella pensaba que debería ocurrir a continuación. No fueron palabras bonitas, pero cada vez que terminaba, cansada por el esfuerzo emocional, quemaba esas palabras y le pedía a Dios que le diera la perspectiva de Él. También le ayudó a identificar áreas que requerían perdón y que no eran tan obvias. El punto es limpiar la herida, como si fuera un foco de infección. Después tratarla con el bálsamo del toque sanador de Dios para que pueda sanar.

Dejar ir la culpa

Dejar ir la culpa es algo muy difícil. Queremos saber por qué nos ha ocurrido a nosotros algo tan terrible. La culpa busca encontrar un chivo expiatorio, con el fin de asignarle el papel de villano. Si podemos hacer eso, entonces quizá podamos impedir que nunca más vuelva a ocurrir.

La realidad es que nunca encontraremos una razón lo suficientemente buena para algunos de los daños que nos han hecho, porque no hay ninguna razón. Incluso tan importante como era para nosotros arreglar las circunstancias y los problemas que nos llevaron hasta ahí, ninguno de nosotros encontró "la respuesta" o "la razón" por la que Gary escogió arriesgarlo todo por una aventura amorosa. Simplemente lo hizo. Mona tuvo que aceptar eso como un hecho para poder seguir avanzando.

Ver a la otra persona como alguien valioso

Cada ser humano es precioso a ojos de Dios. Cada ser humano fue creado a imagen de Dios. Jesús murió por todos nosotros, no sólo por quienes nosotros consideraríamos "dignos".

Eso significa que cuando miramos a la persona que nos causó el dolor, no miramos sólo a un mentiroso, a un tramposo o a un destructor. Cuando Mona tuvo la ocasión de ver a la compañera de Gary, tuvo que practicar recordarse a sí misma que estaba mirando a una mujer a la que Dios amaba, y no sólo a la mujer que había tenido una aventura amorosa con su marido. Significaba que, cuando miraba a esa mujer, toda su estimación de ella no estaba basada sólo en un pecado. Nosotros no decidimos el valor de otra persona; eso lo hace Dios.

Trabaje para conseguir el perdón

El perdón es un objetivo que hay que perseguir, no un premio que alcanzar. Puede que repetidamente perdamos y ganemos terreno. El perdón es trabajo duro. A veces queremos que sea algo instantáneo, como una comida de microondas, y aunque eso sería bonito, no es real. Cuando pensamos que ya lo hemos conseguido, descubrimos que volvemos a estar en medio del problema otra vez. A Satanás le encantaría usar esto contra nosotros, diciéndonos que no estamos perdonando, que somos un fracaso como cristianos. Como somos creyentes, él no puede recuperarnos, pero puede hacer que nos sintamos mal. No deje que el trabajo del perdón le desvíe. Está progresando, y no creemos que eso sea un fracaso. Creemos que eso es obediencia, ¡y vale la pena!

El perdón es un proceso. Concédase algo de gracia a medida que va procesando las emociones.

El perdón es una dirección que usted está tomando. Siga caminando hacia él.

El perdón es un regalo que puede dar y un regalo que puede recibir.

El perdón es una decisión; nadie puede hacer que usted lo haga. La pregunta es: "¿recorrerá el camino según Dios o según usted?".

Necesita a Dios ahora más que en ningún otro momento en su vida. No bloquee su relación con Él. No viaje por esta carretera usted solo. Cuando obedecemos a Dios, Él nos recompensa. Escoger este camino por obediencia es un gran paso hacia volver a encender el amor y confianza que han sido dañados. Los sentimientos a menudo siguen a nuestros actos y vienen después de nuestra obediencia. Confíe en Dios. Él es digno de confianza.

Preguntas para considerar y conversar

1. A Gary le costó mucho perdonarse a sí mismo. ¿Cuáles son algunas de las cosas que hacen que perdonarnos sea algo difícil?

2. Mona entendió que quizá ella era quien estaba bloqueando su capacidad de perdonar a la compañera de Gary. ¿Cree que se necesita una petición de perdón a fin de obedecer el mandamiento de Dios de perdonar?

3. ¿Cuál ha sido su definición de perdón?

4. Discuta qué no es perdón. ¿Cuál de esas ideas erróneas han sido parte de su pensamiento?

5. Los dos pasajes que leímos en las Escrituras nos dieron la perspectiva de Dios sobre el perdón. ¿Obtuvo algún punto de vista nuevo?

6. Le sugerimos que perdone en obediencia a Dios y para liberarse de la opresión. ¿Está de acuerdo? ¿Por qué o por qué no?

7. ¿Puede enfocarse en su relación con Dios? ¿Qué podría hacer su cónyuge para ayudar?

8. ¿Ha podido reconocer el daño y el dolor al dejar ir la culpa? ¿Cuál es su mayor lucha?

9. ¿Puede ver a la persona a la que tiene que perdonar como una persona valiosa a ojos de Dios?

10. El perdón es trabajo. ¿Por qué cree que esto es verdad o que no es verdad?

10
Reconstruir la confianza

¡Dios es mi salvación!
Confiaré en él y no temeré.
El Señor es mi fuerza,
el Señor es mi canción.

Isaías 12:2

LA HISTORIA DE MONA
(Unos seis meses después de la revelación)

"Mamá, ¿cuándo va a estar lista la cena? Tengo hambre."
Miré a mi hijo de siete años. Él era siempre el que necesitaba comer.

Miré al reloj (otra vez). Casi las seis. ¿Dónde estaba Gary? Dijo que estaría en casa a las cinco y media.

Gary y yo llevábamos varios meses recuperándonos de nuestro adulterio y a ambos nos habían parecido años. Finalmente tuve un poco de energía, así que preparé una cena rica. Últimamente esas ocasiones eran pocas y muy separadas una de otra. Si pensaba en cuánta comida basura y televisión llevaba los niños…bueno, no podía ni pensarlo. Ya había bastante culpa y dolor, y como dijo nuestro consejero, si papá y mamá no están bien, no hay mucho que ofrecer a los niños.

Le di a mi pobre hijo una zanahoria y le mandé a jugar con sus hermanos, diciéndole que papá llegaría enseguida y entonces comeríamos juntos.

¿Dónde podía estar Gary? Alcancé el teléfono para llamar a la oficina y me acordé de que ya lo había hecho: dos veces. La primera vez, me dijeron que Gary ya se había ido. La segunda no respondió nadie.

¿Y qué ocurre si ha tenido un accidente? Fui a tomar un vaso de agua para quitar mi sequedad de garganta y noté que mi mano temblaba tanto que el agua se movía en el vaso. Podía oír la sangre latiendo en mis oídos y me preguntaba cuál sería mi presión arterial. *Vas a tener que calmarte. Estás reaccionando en exceso. Se está retrasando un poco. Quizá haya mucho tráfico.*

Pero se tardan sólo diez minutos en llegar a casa y hacía quince minutos desde la última llamada, por no mencionar la primera, que fue hacía veinticinco minutos.

Me di cuenta de que estaba mirando afuera por la ventana de la cocina, esperando ver los faros del auto. Cada vez que veía luces me ponía tensa, esperando que torcieran para entrar en nuestra calle. Luego esa tensión se convertía en decepción cuando las luces seguían su camino pasando de largo por nuestra casa.

Gary siempre había sido muy considerado al decírmelo siempre que iba a llegar tarde a casa. De hecho, esa había sido una de las sorpresas en el adulterio. Yo siempre sabía (creía que sabía) dónde estaba; pero desde la revelación, él había intentado ser incluso más cuidadoso. A menudo me llamaba para informarme, y cualquier cosa que le mantenía alejado me la explicaba con detalle. No creo que ni siquiera me hubiera dado cuenta de ello hasta esa noche, cuando él no lo hizo.

¿Por qué no habría llamado para decirme que llegaría tarde? Y si está trabajando hasta tarde, ¿por qué no responde al teléfono?

No debería haberme sorprendido el camino por el que se apresuraban mis pensamientos. Nada me sorprendía ya, excepto yo misma (*yo* me sorprendía continuamente). Yo nunca había sido una persona celosa. Nunca me preocupaba por lo que Gary estuviera o no estuviera haciendo. Había confiado en él con todo lo que tenía. Me había confiado a él.

¿Y qué ocurriría si estuvieran juntos? Se podrían estar besando ahora mismo. Él podría estar sosteniendo su mano y tocándola mientras tú estás aquí como la pequeña Suzy Ama de casa: "Oh, cariño, la cena está lista". Estúpida idiota. Tonta. ¿Qué te hizo pensar que ahora te estaría diciendo la verdad?

¡Para! ¡Para! Mis manos se hicieron puños apretando tan fuerte que podía sentir mis uñas cortando mis palmas en un intento de bloquear que siguieran esos pensamientos. No funcionó.

Como si pudieras saber si te está mintiendo. Probablemente haya estado mintiendo todo este tiempo. Es increíble que pueda estar con las dos a la vez. Bueno, quizá no. Ha estado haciéndolo durante tres años.

Tomé la bayeta de la cocina y comencé a limpiar las encimeras como si mi vida dependiera de ello. Quizá no mi vida. Quizá sólo mi cordura.

El sonido de un auto atrajo mi atención a la ventana y miré para ver si continuaba por la calle.

¿Y te crees que va a venir aquí y confesar? Oh no. Entrará con alguna excusa, alguna historia. Y no sabrás si es verdad. Nunca lo sabrás hasta que se vuelva a sentar de nuevo en la cama...

Tapé mis oídos con mis manos, deseando que parasen mis pensamientos, sabiendo que estaba titubeando al borde de la destrucción. No sabía lo que se destruiría primero, si mi matrimonio o yo.

Me di cuenta de que realmente nunca había sabido dónde estaba Gary. Sólo pensaba que lo sabía. La verdad era que nunca sabía de cierto dónde estaba nadie. Y eso incluía a mis hijos. Yo hacía todo lo que podía para mantenerlos a salvo (preguntar a otros padres, llevarles, traerles), pero la realidad era que desde que veía irse a mis hijos hasta que les veía volver, sólo pensaba que sabía dónde estaban. ¿Cuántos padres se sorprenden al descubrir que sus hijos se fueron a algún lugar distinto del que se supone que debían haber ido? No lo sabemos de cierto a menos que estemos con ellos.

Calma. Respira hondo. Relájate. Sentí que mi corazón se tranquilizaba y regularizaba. Doblé mi bayeta sobre la pila y me senté en la mesa de la cocina.

De acuerdo, ¿qué iba a hacer con esto? Según lo veía yo, tenía tres opciones:

1. Podía volverme loca cada vez que él no estuviera a mi lado.

2. Podría irme, divorciarme y no tener que preocuparme más de si me había vuelto a mentir.

3. Podía decidir darle otra oportunidad.

Porque al final siempre llegaba al mismo punto. Volver a confiar en él no era sólo cuestión de que él fuera fiable; se trataba también de que yo reconociera que habría veces en que sería necesaria también mi confianza. Como esta noche, cuando llega tarde veinticinco minutos (ahora ya veintiocho).

Cuando entre por la puerta, le voy a preguntar por qué llega tarde y él me dará una explicación. Puede terminar la reconstrucción de la confianza no queriendo explicarme, o yo puedo terminar la reconstrucción de la confianza no queriendo oírle.

Oh Señor, ayúdanos, ayúdame, a hacer esto. Quiero que mi matrimonio sane. Pienso que Gary también. Ayúdame a hacer mi parte en esto.

De repente experimenté una calma que corrió por todo mi cuerpo. Mi corazón dejó de latir fuerte. La batalla en mi mente cesó. Hay una paz que Dios da a veces que sobrepasa todo entendimiento, y eso es lo que sentí cuando oré aquella noche.

Unos cinco minutos después el auto de Gary apareció por nuestra calle.

La historia de Gary

(Unos seis meses después de la revelación y la misma noche que la historia de Mona)

Fue un gran día en el trabajo, uno de esos días en los que todo lo que tocaba parecía que se convertía en oro. Todas las tareas terminadas, todos los clientes contentos.

Metí la cabeza en la sala de control cuando me iba para decir buenas noches al ingeniero, pero él estaba ocupado preparando todo con unos cuantos de los miembros de la banda que tenían una sesión de grabación programada para la noche. Eso me aportó una sonrisa y algunas gratas memorias de cuando yo era el ingeniero de estudio.

Según salía por la puerta, el aire cálido de la noche me sorprendió un poco. Podía oler el huerto que había justamente detrás del estudio. Olía bien.

Me sentía bien. Algo raro en estos días. Hacía casi seis meses desde la revelación, y Mona y yo estábamos comenzando a tranquilizarnos un poco. Los dos estábamos trabajando muy duro. Yo intentaba hacer todo bien (por fin), y estaba empezando a ver un rayito de esperanza en los ojos de Mona.

Según me acomodaba en el asiento del auto, bajé la ventanilla para disfrutar de la brisa en el corto trayecto hasta casa. Me gustaba sentirme bien, para variar. Habían sido los meses más duros de toda mi vida.

De camino a casa por la carretera, vi la tienda de Radio Shack por el rabillo del ojo. Necesitaba un soldador. Había estado trabajando en un proyecto de radioaficionado las dos últimas semanas. Una afición que había redescubierto que solía disfrutar desde que el secreto de mi doble vida se había terminado. Volver a mi afición me había aportado algún tiempo de relax y de no pensar.

Mi amigo Brian estaba trabajando en el mostrador cuando le entregué le soldador para que me lo cobrara.

—¿Necesitas algo más Gary?

—No, esto es todo.

Brian era unos diez años más joven que yo y un verdadero radioaficionado. Conocía perfectamente mi carrera en la radiodifusión y le encantaba hablar conmigo siempre que iba a la tienda.

—¿Has oído la nueva estación de radio de la ciudad, Gary?

Eso era lo único que yo necesitaba. Comencé a describirle con todo detalle el nuevo formato y lo creativo que sonaba. Para ser franco, me sentía bien de hablar con alguien que no conocía mi vida personal.

Tras unos minutos haciendo un poco de "charla técnica" de buena calidad, un par de personas entraron en la tienda en busca de ayuda, así que dije adiós y me dirigí al auto.

Cuando llegué a la entrada de casa, vi que Mona estaba

mirando por la ventana de la cocina. Según entraba y me dirigía la cocina, supe que había estado llorando. —

¿Qué ocurre?—pregunté.

—¡Nada!—dijo ella.

—Vamos, sé que algo te está molestando.

—Si tú no lo sabes...

—¿Si no sé qué? ¿Qué ha ocurrido?

Mi mente se aceleró, haciendo un inventario mental del día. Cuando me fui por la mañana, ella estaba bien. Parecía incluso un poco feliz. Llamé al menos tres veces durante el día y no me pareció que algo fuese mal.

—Realmente no sé de lo que estás hablando.

Me miró con una mirada dura y fría.

—¿Dónde has estado?

—He estado en el trabajo. No he ido a ningún otro sitio. Te lo juro.

—He estado intentando llamarte durante más veinte minutos. Me dijeron que te habías ido hacía media hora.

Obviamente, ella estaba haciendo un esfuerzo por controlarse. Sus palabras eran deliberadamente tranquilas y su tono era plano.

—Y no se tardan treinta minutos en recorrer las tres millas hasta casa. ¿Dónde has estado?

La luz llegó a mi mente. Radio Shack. Brian. ¿Cuánto tiempo había estado allí? Me apresuré a explicarlo.

—Me detuve en Radio Shack y compré un soldador para mi juego de radioaficionado. Brian estaba trabajando hoy y nos pusimos a hablar sobre la nueva estación de radio.

Ella se levantó de la mesa lentamente y se metió en nuestro dormitorio, cerrando la puerta tras ella, con su rostro confundido por las emociones. Pude ver la batalla que se libraba en su interior intentando encontrar la verdad.

Confianza. Algo que yo nunca había apreciado hasta que la perdí por completo. Antes de la revelación, pasar media hora con un amigo "charlando" nunca hubiera sido la gran cosa, pero a la luz de nuestra actual situación, sí era la gran cosa.

Mona estaba hipersensible a cada minuto que yo estaba fuera de su radar. Supuse que me podía poner a la defensiva y decir que no podía vivir así el resto de mi vida, pero para ser franco no la culpé en absoluto. No es que hubiera habido muchos periodos de tiempo sin explicar mientras estuve implicado en una aventura amorosa.

¿Pero cómo iba ella a volver a confiar en mí nuevamente? De hecho, si pensaba mucho en ello tenía que preguntarme si yo sería capaz de confiar en mí mismo de nuevo.

Pero yo había cambiado. Realmente me había arrepentido, y estaba haciendo todo lo que podía para sanar este matrimonio.

Sabía que a ella también le costaría volver a confiar en ella misma. Me había contado que sus instintos, su "intuición de mujer", le había fallado miserablemente.

Sabía que ninguno de los dos podría vivir así el resto de nuestras vidas.

El buen día que había tenido comenzó a difuminarse con el cierre de la puerta de nuestro dormitorio.

La historia sobre reconstruir la confianza

Reconstruir la confianza es una parte esencial de la sanidad tras la infidelidad, porque un matrimonio saludable necesita confianza. Podemos facilitar la reconstrucción de la confianza, lo cual no es fácil; o podemos destrozar los frágiles comienzos de este proceso, lo cual es demasiado fácil.

Nosotros decidimos reconstruir la confianza.

Mona tuvo que redefinir lo que era la confianza en un matrimonio saludable. Tras mucha búsqueda interior, se dio cuenta de que había confiado en Gary parcialmente porque creyó que ella sería capaz de "saber" cuándo o si él ya no era de fiar. Eso significaba que se sentía segura confiando más en él por ella misma que por si él era o no fiable. No entendía que confiar en él realmente significaba arriesgarse ella misma. Su sentimiento de seguridad descansaba en un poder que, de hecho, ella no tenía.

Piense en ello de esta manera. En un auto equipado para entrenar a conductores, hay un pedal de freno para el conductor y un pedal de freno para el entrenador en el lado del acompañante. El pedal principal es el que usa el conductor que está siendo entrenado, pero el entrenador sabe que si el conductor se equivoca, él también tiene la capacidad de pisar el freno en su lado del auto y evitar un daño o accidente. Mona pensaba que tenía el mismo "freno de seguridad" disponible para ella.

Esto también ocurre con los que piensan que pueden reconstruir la confianza en el matrimonio controlando a su cónyuge: sentándose continuamente en el asiento del entrenador y listo para pisar el freno si su esposo o esposa comete un error. Nadie se puede sentar para siempre en el asiento del entrenador. Todos los conductores finalmente conducirán solos.

Comencemos con un entendimiento bíblico de la confianza. Las palabras en griego y hebreo traducidas como *confianza* significan creer, sostener, apoyar. La idea es firmeza o solidez; estar persuadido de tener confianza en. Nos sentimos seguros cuando podemos apoyarnos en lo que confiamos.

Por eso, cuando confiamos, estamos diciendo que estamos firmemente persuadidos a creer. Escogemos una silla en particular sobre la que sentarnos porque confiamos en que aguantará nuestro peso. Cuando confiamos en nuestro cónyuge, creemos que esa persona hará lo que dice que hará y no hará lo que dice que no hará. El resumen es que nos sentimos seguros. Cuando se ha revelado el adulterio, este ya no es el caso.

Durante varios años, Gary le había mentido a Mona, y no sólo eso, sino que también había sido muy bueno haciéndolo. Después de la revelación de su adulterio, Mona ya no podía confiar en que él volviera a ser honesto. Lo que él había hecho le causó un gran daño. La confianza que Mona tenía se había ido en unos pocos minutos. La pregunta para la que ninguno de los dos teníamos la respuesta era: "¿se podrá volver a recuperar algún día?".

Gary entendió esto muy bien. Le dijo a Mona: "Sé lo que estoy pidiendo. Cada vez que te has caído de espaldas te he sostenido, pero esta vez te he dejado caer a propósito. No fue que fallé en sujetarte, sino que me fui a otro sitio y te dejé ahí. Te golpeaste muy fuerte, y te lastimaste, y yo ni siquiera me di cuenta; y ahora vengo a ti y te digo: 'lo siento. Está bien, cariño, vuelve a caer hacia atrás y yo te sostendré'".

Reconstruir la confianza significaba que Mona tendría que encontrar una forma de volver a creer con confianza que Gary era una persona segura en quien confiar. También significaba que ella estaría en disposición de que Gary pudiera, otra vez, dejarla caer y hacerse daño. No estaba segura de que pudiera hacerlo, pero a la vez era la única manera en que él podría volver a sostenerla.

Es interesante que, en las Escrituras, la mayoría de los versículos que hablan de la confianza, hablan de nuestra confianza en el Señor, no en los hombres. De hecho, hay varias advertencias sobre confiar en cualquier otra cosa o persona.

La verdad es que nuestro Dios es el único que es totalmente fiable. Él es el único que siempre cumplirá sus promesas. Pero también era cierto que Mona igualmente le había fallado a Gary, sólo que de otra forma. Recuerde: Gary había confiado en que Mona le amaría como prometió. En el tiempo de la aventura amorosa, según el punto de vista de Gary, ella tampoco había guardado su promesa. Reconstruir la confianza significaba que Gary tendría que creer que Mona volvería a ser una persona segura en la que confiar de nuevo. Nuestros viajes serían diferentes, pero ambos emprenderíamos uno.

Gary a menudo ha oído a infieles expresar que si sus cónyuges les perdonaran, podrían superar el adulterio; pero lo que realmente están diciendo es: "si confiaran en mí". La confianza y el perdón son dos cosas diferentes. Hablamos sobre eso en el capítulo sobre el perdón.

El fundamento sobre el que reconstruimos será el fundamento preparado para el matrimonio: Dios mismo. El fundamento es sólido porque Dios es digno de confianza. Reconstruimos la confianza como si estuviéramos reconstruyendo una casa: ladrillo a ladrillo. La casa se cayó, pero el fundamento de Dios sigue siendo seguro. Las cosas que hacen como pareja serán, básicamente, darse ladrillos el uno al otro, de uno en uno, para crear una casa estructuralmente segura sobre un fundamento firme. De ladrillo en ladrillo hasta que ambos aprendan a funcionar como el equipo que Dios quiso y puedan comenzar a sentir cómo regresa la seguridad a su relación.

La pieza más esencial en esta reconstrucción es una honestidad transparente. Lo hemos dicho antes y lo seguiremos diciendo. La honestidad les capacita a ambos para ver el corazón del otro y allana el camino cuando se encuentren con baches en la carretera. La honestidad les mantendrá en el camino.

La responsabilidad recae aquí sobre el infiel. Esta persona monta el escenario y la atmósfera. Si él o ella están dispuestos a compartir abiertamente sus actividades, llamadas de teléfono, planes de viaje, cualquier cosa en la que el cónyuge no participe, él o ella han creado una oportunidad para comenzar a reconstruir la confianza.

La pregunta que normalmente se plantea aquí es: "¿Voy a ser tratado como un niño de dos años el resto de mi vida?". La respuesta es no; eso es lo que usted está intentando impedir. Pero primero se debe reconstruir la confianza.

La confianza hay que ganársela. La honestidad juega un gran papel para obtenerla.

Se ha dicho que parte de una segunda oportunidad es asumir la responsabilidad del lío que usted formó en primera instancia. La honestidad al asumir la propiedad de lo que usted ha hecho para romper esa confianza y de lo que hará para reconstruirla puede animar a un cónyuge a estar en el camino de reconstrucción de la confianza con usted.

El Dr. Doug Rosenau dice que "la causa final de la infidelidad es una serie de malas decisiones".[1] Si su cónyuge puede ser testigo de la exploración de esas malas decisiones, lo que Gary llama la búsqueda interior transparente de cómo y por qué ocurrió la infidelidad, esto ofrece a ambos un entendimiento de algunas razones por las que están ahí. También ayuda al cónyuge a comenzar a ver que usted realmente quiere cambiar y aporta esperanza de que nunca más volverá a hacerlo.

Debemos repetir que no hay ninguna razón lo suficientemente buena para elegir el adulterio, pero descubrir algunos de esos pasos de bebé que llevaron a la aventura amorosa y por qué decidió darlos le ayuda a escoger un camino diferente la próxima vez que se le presenten decisiones similares. Si su cónyuge ha sido parte en este proceso suyo de pensamiento, confiará más en sus decisiones la próxima vez.

Cuando Gary entendió, retrospectivamente, lo vulnerable que era cuando comenzó su aventura amorosa, la necedad de las decisiones que tomó antes de que ocurriera nada romántico se hizo más evidente para él. A medida que podía compartir esos pensamientos con Mona, ella pudo empezar a relajarse cuando se preguntaba si volvería a pasar. A medida que hablábamos sobre las decisiones que se podían haber tomado en su lugar y las decisiones que él planeaba tomar en el futuro, la salida de la tentación que Dios había prometido se hizo visible para ambos.

Esa misma honestidad transparente necesita ser parte de la contribución del cónyuge a la reconstrucción de la confianza. Mona necesitaba comunicar a Gary lo que esa traición supuso para ella para que él pudiera comprender las consecuencias de sus decisiones y pudiera entender con empatía el dolor que había causado su traición.

Gary no quería enfocarse en lo que había ocurrido, y odiaba ver a Mona sufrir. Esto es muy común en el infiel, pero le animamos a pensar en ello de esta manera. Si cada vez que su cónyuge quiere hablar de ello usted le calla cambiando de tema, evitando las preguntas o bailando claqué sobre los asuntos, su cónyuge oirá que a usted no le importa y que no quiere cambiar, sino simplemente quiere que todo eso pase; y si usted no está dispuesto a cambiar, ¿cómo volverá a confiar en usted? Por eso es muy importante procesar esto juntos como pareja.

El otro aspecto de la honestidad transparente que Mona tenía que aceptar era el hecho de que, al final, ella tendría que confiarle a Gary a Dios y ponerse ella misma en una posición de vulnerabilidad. Esto era parte de lo que ocurrió la noche en que Gary llegó tarde a casa. Al igual que Gary necesitaba dar cuentas para reconstruir la confianza, ella necesitaba estar dispuesta a aceptar los esfuerzos que él estaba haciendo. Reconstruir la confianza también fue un proceso para ella. A medida que Gary hacía ingresos de fiabilidad, ella tenía que acreditárselos en su cuenta.

La pieza final que sugeriremos es demasiado simple. Adopte una actitud de que cada pequeña cosa cuenta. Todo ayuda a reconstruir la confianza.

Gary habla mucho con infieles sobre ponerse en el lugar de sus cónyuges, con el fin de entender las cosas que hacen sentirse segura a una persona y comprender que algunas cosas, incluso cosas que son sin intención, pueden verse como una amenaza, como cuando Gary llegó tarde a casa.

La confianza se puede perder en un instante, pero no se reconstruye de esa manera. Para construir coherentemente la confianza, necesita que se den muchas oportunidades. Así que créelas usted mismo. Haga lo que dice que va a hacer. Si algo cambia, llame y explique por qué. Si dice que parará a comprar leche de camino a casa, compre leche de camino a casa. Llegar a casa sin la leche se convierte en algo mucho mayor que olvidarse de detenerse en la tienda. Se convierte fácilmente en otro ejemplo de por qué no pueden confiar en usted.

Cada mentira, sin importar lo trivial que sea, cuenta.

Cada omisión de hechos cuenta.

El proceso es lento y requiere a ambos. El cónyuge tiene que reconocer y dar crédito a las cosas que hace el infiel para reconstruir la confianza. Si rehusamos acreditar una promesa cumplida porque "eso es lo que debería haber hecho desde un principio", la motivación de seguir intentándolo mengua. Todos necesitamos saber que lo que estamos haciendo cuenta o vale para algo.

Una de las áreas más comunes donde vemos esto es cuando hay un contacto no planeado entre el infiel y su compañero o compañera. Quizá el compañero contactó o una situación laboral les hizo verse. El que ha sido infiel está intentando ser honesto y reconstruir la confianza, así que llega a casa y dice las palabras que sabe que molestarán a su cónyuge.

Para los que hemos estado en esa posición de cónyuge, sabemos que hay una vocecita en nuestra mente que nos reprende por creer. Nos dice que somos necios, y sabemos que nuestro cónyuge es capaz de mentirnos. Pero si es la verdad y no creemos al que está intentando reconstruir la confianza, entonces somos nosotros los que estamos destruyendo esa confianza. Y el que fue infiel comenzará a dudar del valor de ser honesto en todo. Si el infiel recibe un varapalo cada vez que es sincero, finalmente dejará de serlo. Recuerde la importancia de crear un entorno de sanidad.

Mona oró para que la verdad fuera revelada. Y lo fue. Con el paso del tiempo, su ansiedad disminuyó y pudo volver a creer nuevamente a Gary.

La confianza no necesita persianas. Confiamos en alguien porque ahora decidimos creer que tomará la decisión correcta, y lo creemos porque ha habido evidencia de esas buenas decisiones.

Reconstruir la confianza es un riesgo para los dos. Cada uno dará pequeños pasos hacia adelante a medida que vea progreso. Cada uno teme cómo será el futuro.

Lo único en lo que confiamos es que si cualquiera de los dos no está dispuesto a hacer el trabajo necesario para reconstruir la confianza, entonces el agujero vacío de confianza se hará mayor.

Pero si trabajan juntos, corren el riesgo y crean el entorno para la sanidad, entonces usted también podrá reconstruir la confianza que se perdió. Y la herida del adulterio, aunque es enorme, no será fatal.

C. S. Lewis explica de forma muy bonita por qué trabajamos para reconstruir la confianza: "Amar es ser vulnerable. Ame cualquier cosa, y tenga por seguro que su corazón se retorcerá y posiblemente se romperá. Si quiere estar seguro de que se mantenga intacto, no debe entregarle su corazón a nadie, ni siquiera a un animal. Envuélvalo cuidadosamente con aficiones y pequeños lujos; evite cualquier enredo amoroso; enciérrelo de forma segura en el ataúd de su egocentrismo. Pero en ese ataúd —seguro, oscuro, sin movimiento, sin aire— cambiará. No se romperá, será irrompible, impenetrable, perpetuo...El único lugar fuera del Cielo donde usted puede estar perfectamente a salvo de todos los peligros...del amor es el Infierno".[2]

Preguntas para considerar y conversar

1. Mona luchaba cuando Gary llegó tarde a casa. ¿De qué tenía miedo y por qué? ¿Era algo razonable tras varios meses de recuperación?

2. Gary no entendía que llegar tarde pudiera hacer que Mona se preocupara. ¿Qué podría haber hecho él de modo diferente para sofocar sus preocupaciones?

3. ¿Cuál ha sido su entendimiento de confianza en el matrimonio?

4. Sentirse seguro es una gran parte en la reconstrucción de la confianza. Discuta cosas que le podrían hacer sentir seguro en este proceso de recuperación.

5. ¿Está de acuerdo en que confiar en alguien significa que es usted vulnerable? ¿Por qué o por qué no?

6. Hable sobre la "honestidad transparente" desde la perspectiva de su papel. "Como cónyuge, eso significa que yo...." o "Como infiel, eso significa que yo...".

7. Hable sobre cómo responderá a la honestidad transparente de su pareja. ¿Se le ocurre algún método de preparación que pudiera ayudarle a hacer esto?

8. Lea el Salmo 62:5-8. ¿Qué esperanza le ofrece Dios?

9. Cada pequeña cosa cuenta. Comparta con su cónyuge una "pequeña cosa" que haya hecho y que le haya ayudado a usted.

10. Lean juntos la cita de C. S. Lewis. Compartan sus pensamientos.

11

Protecciones

Por eso le cerraré el paso con espinos;
la encerraré para que no encuentre el camino.

Oseas 2:6

LA HISTORIA DE MONA

(Más de tres años después de la revelación)

Había sido realmente una noche bonita. Estábamos con otras dos parejas, y siempre nos reíamos mucho cuando estábamos los seis juntos. La cena había estado deliciosa, y como siempre, yo había comido demasiado. Me senté en el sofá grande y blandito y escuché bromear a los demás.

No estaba segura de cómo había llegado hasta allí la conversación, pero me di cuenta que Gary estaba diciendo algo sobre no ir a comer a solas con una mujer. Un amigo pareció un poco sorprendido por eso y le preguntó a Gary qué hacía cuando había que cerrar algún negocio y se sugería una comida. Gary respondió que él se reunía con la mujer en la oficina o iban a comer en grupo, pero nunca él y otra mujer solos.

Entonces nuestro amigo le preguntó a Gary por qué hacía

eso. Ahora llegó el turno para que yo me sorprendiera. Ese amigo sabía lo de la aventura amorosa de Gary, y nos había visto pasar por buena parte de nuestro proceso de recuperación.

Gary respondió:

—No quiero estar solo con otra mujer. No quiero comenzar una amistad con otra mujer y ver que comparto cosas y desarrollo una relación que podría llegar a ser íntima. Esa fue una de las cosas que me llevó por el camino del adulterio, y no quiero volver ahí nunca más.

—¿Crees que por comer con una mujer vas a tener una aventura amorosa?

—Claro que no—respondió Gary—. Simplemente es una red de seguridad que uso para no volver a ponerme nunca en una posición desde donde poder empezar a recorrer de nuevo ese camino.

Creo que nuestro amigo pensó que Gary estaba siendo paranoico. Yo pensaba en cada infiel que ha estado en nuestros grupos. Casi todas las aventuras amorosas se habían desarrollado por una relación laboral o ministerial. Las personas pensaban que estaban muy por encima de esta cosa llamada adulterio, y creían que eran más fuertes que eso. Gary había pensado lo mismo.

Yo siempre tuve esa red de seguridad. Siempre evité situaciones sociales con otros hombres a solas de forma individual. En el entorno de un hospital era fácil hacerlo.

Entonces nuestro amigo me miró.

—¿Tú irías a comer conmigo?

—No—dije yo con una sonrisa.

Pude ver su cerebro trabajando para encontrar alguna manera de atraparme en lo que él consideraba ser una necedad.

—¿Y si te pidiera si puedes ir conmigo al centro comercial y ayudarme a elegir un regalo para mi mujer, te verías conmigo entonces?

—Gary y yo estaríamos felices de ayudarte a elegir un regalo para tu esposa.

—¿Tú no irías conmigo al centro comercial a ayudarme a elegir un regalo para mi esposa?

—Sola no. Iría con otra amiga o con Gary, y te ayudaríamos a elegir ese regalo.

—No me puedo creer que no irías conmigo ni siquiera al centro comercial. ¡Es un lugar público!

¿Cómo podía hacerle entender lo que estábamos diciendo? Sabía que le estábamos frustrando mucho.

—Mira, tú eres mi amigo. Pasamos buenos ratos juntos en parejas. Tú y yo tenemos estupendas conversaciones. No quiero estropear esto. No es que yo piense que no podríamos ir al centro comercial sin tener una aventura amorosa; por supuesto que podríamos. No es algo de una sola vez. Es crear una situación en la que tú y yo comenzamos a tener una unión especial que no incluye a nuestros cónyuges. Personalmente, no creo que los hombres y las mujeres puedan tener amistades íntimas sin que implique un riesgo que yo no estoy dispuesta a correr. Conozco a algunas personas que lo hacen, y nunca surge nada más allá de una mera amistad. Otros, sin embargo, pensaron lo mismo y terminaron con mucho más que una amistad. En mi opinión, ese riesgo es demasiado grande y el costo es demasiado alto. Y para ser franca, no creo que nadie esté exento. Creo que cualquier persona, dado el tiempo necesario, un cierto cúmulo de circunstancias favorables y la persona adecuada, puede caer. Creía eso antes de la aventura amorosa de Gary, y ahora lo creo mucho más.

Me di cuenta de que no le convencí. Todos los amigos de la sala pensaron que Gary y yo estábamos siendo demasiado sensibles. Bueno, pues así somos. Hemos visto demasiado. La conversación siguió sin que ninguno de nosotros cambiara su modo de pensar sobre este asunto en particular. Nuestro amigo aún estaba en desacuerdo. Habíamos compartido nuestras opiniones, pero lo que otros hicieran o dejaran de hacer era problema suyo, de sus cónyuges y de Dios. Que te consideren tonta o extremadamente sensible era un precio que estábamos dispuestos a pagar.

La historia de Gary
(Más de un año después de la revelación)

Estaba nervioso. El presidente de la iglesia me llamó aparte el domingo por la mañana y pidió una reunión con él y nuestro pastor principal. ¿Estaba bien el jueves a las cuatro?

"Sí, claro", dije. Me preguntaba de qué se trataría. Había pasado un poco más de un año desde el escándalo del adulterio. Mona y yo estábamos mejor cada día, poquito a poco. Nuestro consejero había reducido las sesiones a una vez al mes. *Gracias, Dios, por las pequeñas victorias.* Al menos alguien pensaba que estábamos progresando.

Después de contarle a Mona lo de la reunión, estuvimos especulando sobre las posibles razones. Seguramente *no* me irían a pedir que trabajara en ningún tipo de comisión o ministerio. Mona pensaba que quizá simplemente iban a ver cómo me iban las cosas.

El jueves por la tarde estaba muerto de la curiosidad. ¿Qué querrían esos dos líderes de mí? Entré en la sala y vi a los dos hombres ya sentados en una mesa. Me senté, y el presidente de la iglesia comenzó la reunión.

—Gary, el pastor y yo queríamos verte hoy porque tenemos algo importante de qué hablar. Ha pasado un año desde tu confesión ante Dios y el pastor. Hemos discutido tu situación con el consejo de diáconos, y hemos concordado unánimemente en que has demostrado crecimiento, madurez y un verdadero arrepentimiento de tu pecado. Nos gustaría restaurarte oficialmente en tu ministerio aquí en la iglesia.

Un alivio recorrió todo mi cuerpo. Algo positivo. Algo por lo que sonreír. Progreso.

Les di las gracias, conversamos un poco más, y luego con sonrisas y apretones de mano nos pusimos en pie y nos fuimos cada uno por su lado.

Mientras salía del aparcamiento, me sentí animado. Esas buenas noticias me habían llegado con el mayor de los respetos y satisfacción por su parte. Era un buen sentimiento que alguien volviera a confiar en mí.

Pero no podía dejar de preguntarme: ¿cómo sabrían ellos que estaba mejor? ¿Cómo lo sabrían? No me había estado reuniendo regularmente con el compañero que me habían puesto para rendirle cuentas, no estaba en ningún grupo pequeño, y no tenía contacto con ningún líder fuera de la típica sonrisa y apretón de manos del domingo. ¿Podrían ellos saber cómo me iba verdaderamente con Dios? No podían, pero creían que podían. Por todas las apariencias externas, ¡se me veía muy bien! Estaba asistiendo a la iglesia, Mona y yo estábamos aún juntos, pero seguía siendo el mismo cristiano que había tenido una aventura amorosa con otra mujer de la iglesia, ¡durante tres años! Y por ese entonces ellos tampoco tenían ni idea.

No me malentienda. No les estaba criticando. Eran simplemente personas haciendo lo mejor que podían dentro del sistema en el que estaban. Sus corazones e intenciones eran sinceros, y más tarde me enteré de que el pastor había pedido informes a nuestro consejero. Pero al alejarme con mi auto ese día, me di cuenta de que el sistema que había no era suficiente. No era suficientemente bueno para protegerme de mí mismo. No era suficientemente bueno para asegurar mi fidelidad. La realidad era que de nuevo estaba donde había comenzado en la iglesia. Realmente no había cambiado nada.

Comprendí que si iba a haber un cambio, era yo el que tenía que hacerlo. No podía confiar en que mi iglesia o liderazgo lo harían por mí, y no iba a ocurrir sencillamente porque yo quisiera que se produjera.

Ellos tenían razón en una cosa. Mi relación con Dios era buena. Eso era lo primero y más importante; y estaba trabajando diligentemente en la restauración de mi relación con Mona, pero sabía que necesitaba hacer algo intencional por mí mismo. Necesitaba pensar en cómo había llegado hasta aquí desde un principio y qué iba a hacer exactamente para impedir que yo mismo volviera a llegar a esta misma situación.

Estos pensamientos no eran nuevos, pero lo que había ocurrido ese día me asustó. Sabía que podía estar saliendo de ese mismo aparcamiento, tomar el teléfono y llamar a una querida. Había esperado sentirme más seguro cuando los que me rodean me considerasen "seguro" nuevamente. Pero estaba equivocado.

La poca "vigilancia" que había existido durante el último año se estaba yendo. Mi consejero se estaba retirando progresivamente. Mi iglesia había retirado su disciplina, e incluso Mona estaba empezando a relajarse, un poquito. Pero hacía cuatro años, había incurrido en pecado sutil y lentamente y nadie se había dado cuenta. Era sorprendente la facilidad con la que había ocurrido, la facilidad con la que podía llevar una doble vida. En ese tiempo pensaba que estaba cerca de Dios, pero había caído en la trampa de Satanás tan fácilmente como algunos animales torpes son atrapados por seguir sus instintos.

No quería que me volviera a tomar por sorpresa, y sabía que volvería a encontrar momentos en los que fuera vulnerable a la tentación.

Pensaba en los hombres que había conocido en toda mi vida, hombres que habían engañado, hombres que no habían engañado, y no había una gran diferencia entre todos ellos. Los hombres que había conocido y que habían sido infieles a sus esposas no se habían despertado una mañana diciendo: "Creo que hoy voy a arruinar mi matrimonio".

No, necesitaba pensar seriamente. Necesitaba conseguirme cierto grado de protección.

LA HISTORIA SOBRE LAS PROTECCIONES

Jerry Jenkins escribió un libro titulado *Hedges: Loving Your Marriage Enough to Protect It*. En él, hablaba sobre las "protecciones": acciones y actitudes que cultivamos para protegernos a nosotros y nuestro matrimonio. Las protecciones que mantienen dentro el amor y fuera la infidelidad.[1]

Los seres humanos son relacionales. Así es como Dios nos hizo, pero el matrimonio es una relación única con una persona en concreto. Cualquier intrusión en este "espacio relacional" que damos a cualquier otra persona en el matrimonio crea una vía para una relación ilícita. A menudo creemos que ese concepto tiene que ver sólo con la relación sexual, pero el sexo es sólo una parte del matrimonio.

El matrimonio es la relación más privada, personal, profunda y sólida que una persona puede tener con otra en esta tierra. Requiere un nivel de intimidad física, emocional y espiritual que demanda mucho de nosotros personalmente y nos da más a cambio individualmente. Un buen matrimonio al final merece la pena la vulnerabilidad y el riesgo al que nos sometemos. Esta intimidad general en el matrimonio es

lo que necesita protección. Poner a un lado a nuestro cónyuge
y permitir que otra persona comparta una intimidad espiritual o emocional puede destruir un matrimonio de forma tan
efectiva como intimar sexualmente con otra persona. Simplemente es más fácil fingir que no existe ningún problema si
éste no es de carácter sexual (por el momento).

El hecho es que muy pocos de nosotros salimos a romper la
intimidad marital. A veces simplemente no la establecemos.
A veces no la mantenemos. Con más frecuencia no la pro-
tegemos. "Sencillamente ocurrió" es una explicación común
para el adulterio, y también expone lo poco que entendemos
los pasos que nos llevaron hasta ahí.

Cuando tenemos problemas sin resolver en el matrimonio,
hacemos que el hecho de que "simplemente ocurra" sea más
fácil, y cuando no tenemos establecidas unas protecciones
apropiadas, invitamos a que ocurra. Esto es especialmente
frecuente en la cultura americana. No tenemos las barreras
sociales tradicionales para las interacciones y amistades entre
chico y chica. No importa lo que pensemos sobre este tema,
tenemos que estar de acuerdo en que aunque las libertades
que tenemos en una sociedad más liberal han expandido
nuestras oportunidades personales y nos han capacitado para
disfrutar de un gran número de experiencias diversas, también han aumentado nuestra necesidad de unas protecciones
autoimpuestas.

Nos gustaría compartir dos principios esenciales que creemos que son muy valiosos para proteger su matrimonio.

Admita que es vulnerable

Usted no es más fuerte que los demás. Es un ser humano,
y la gente siente atracción por otras personas (eso se supone),
ya que así es como Dios nos creó. No es un interruptor que
usted pueda apagar después de la ceremonia de bodas.

Mona trabajaba en una oficina cuando llevábamos dos años casados. De repente, se dio cuenta de que esperaba ver a un hombre en particular todos los días. Esperaba verle al venir. Un día, cuando se estaba acicalando en el baño, se dio cuenta de lo que estaba ocurriendo. ¡Se había enamorado! Estaba actuando como una colegiala de dieciséis años. Afortunadamente, el caballero nunca respondió a sus calladas pistas, y superó su enamoramiento. Pero tuvo que pensar seriamente en lo que estaba ocurriendo emocionalmente y en lo que haría en el futuro si se sentía atraída hacia otro hombre. Podía haber sido una situación muy diferente si ese hombre hubiera respondido de forma distinta y Mona no se hubiera dado cuenta de lo que estaba haciendo.

No niegue una atracción. ¡Admítalo ante usted mismo y luego corra! De hecho, se nos dice en 1 Corintios 6:18 que huyamos "de la inmoralidad sexual". No corremos por algo que no creamos que puede dañarnos. Las atracciones se dan, y pueden dañarnos si no corremos.

La mayoría de los consejeros están de acuerdo en un punto de inflexión definitivo en una relación ilícita. Es cuando las dos personas involucradas admiten el uno al otro la atracción que sienten y prometen luchar contra ella. El acto en sí suele ser casi inflamable. *Por tanto, no aconsejamos admitir la atracción a aquel hacia quien se siente atraído. En vez de eso, admítaselo a usted mismo, ¡y luego corra!*

Algunos aconsejan correr a su marido o esposa y darles cuentas a ellos de cómo manejará la atracción. Shirley Glass, una destacada especialista en adulterio, dice: "Cuando compartimos nuestros sentimientos ocultos sobre otra persona con nuestro cónyuge, la intensidad y fascinación de ese secreto desaparecen en gran manera. Dejamos que la realidad entre en la fantasía".[2]

Establezca sus protecciones antes de que las necesite

Tiene que admitir su vulnerabilidad antes de que pueda reconocer la necesidad de medidas de protección. Las gafas de seguridad se crearon porque alguien sufrió un daño. No deje que ese alguien sea usted o su esposa.

Hay tres áreas definitivas que necesitan "protecciones" al intentar proteger nuestro matrimonio.

Los ojos

Con nuestros ojos iluminamos los objetos de nuestros deseos. Mantenga sus ojos donde tienen que estar. Apreciar la belleza es una respuesta natural al estímulo visual, ya sea una puesta de sol o un precioso ser humano. La diferencia está en el tiempo que nos permitimos enfocarnos y en qué nos estamos enfocando. Jesús dijo en Mateo 5:28: "Pero yo les digo que cualquiera que mira a una mujer y la codicia ya ha cometido adulterio con ella en el corazón". La palabra griega traducida como *mirar* significa seguir mirando, y hace énfasis en una acción continua o repetida. Apreciar un atributo de otra persona está bien, pero hágalo brevemente y luego siga avanzando.

Los actos

Santiago 1:14-15 nos dice: "Cada uno es tentado cuando sus propios malos deseos lo arrastran y seducen. Luego, cuando el deseo ha concebido, engendra el pecado; y el pecado, una vez que ha sido consumado, da a luz la muerte". El deseo es "concebido" cuando ayudamos a que pase, cuando tomamos cosas y las juntamos. Cuando añadimos nuestras manos o nuestra voz a un deseo, avanzamos por el camino de la tentación. Algunos de nosotros somos tocadores por naturaleza, otros decimos cumplidos. Tenemos que ser conscientes de cómo y por qué estamos tocando y bajo qué circunstancias estamos haciendo cumplidos, así como qué mensaje estamos enviando.

¿Está intentando parecer atractivo ante otra persona? Si es así, está flirteando, y eso es dañino. ¿Espera con deseo relacionarse con una persona en particular del sexo opuesto? Sea precavido. ¿Siente que otra persona está siendo demasiado amigable? Confíe en sus instintos y sea precavido.

Para evitar que le malentiendan y para mantener una distancia emocional y física apropiada, algunos sugieren halagar lo tangible, como el cabello o la ropa, pero no la persona. Algunos sugieren limitar los abrazos a unos pocos y sólo en presencia de otros. Hay muchas formas de expresar cariño y amabilidad o respeto y admiración sin cruzar los límites. Identifiquen como pareja las formas con las que ambos se sienten cómodos y aférrense a ellas.

La mente

El pecado nace en la mente. Cuando soñamos despiertos con una persona del sexo opuesto que no es nuestro cónyuge, eso es una invitación a pecar. Cuando "inocentemente" facilitamos arreglos para estar con alguien, ya estamos en problemas. Racionalizar sus pensamientos sobre otra persona es engañarse a sí mismo. Si ve que está fantaseando o manipulando los eventos, es tiempo de hacer un cambio de sentido rápido.

Esa misma mente que nos lleva por la carretera del pecado puede llevarnos de vuelta a Dios y a nuestro cónyuge. Flirtee con su cónyuge, sueñe despierto con su cónyuge, y vaya y mire con atención los atributos de su cónyuge. Recuerde sus votos matrimoniales. ¿Hay algo que pueda hacer hoy o esta semana para recordarle a su cónyuge la relación íntima que están llamados a tener juntos? Piense en lo que le atrajo de su cónyuge al principio. Enfóquese en lo que es hermoso de él o de ella.

Si ve difícil hacer estos ejercicios, quizá es hora de sentarse con su cónyuge y mantener una conversación muy necesaria. No deje que su matrimonio se deslice por no atenderlo. Pase tiempo con la persona a la que se comprometió a amar en el matrimonio. Algunos hemos obtenido la idea de que si tenemos que trabajar el amor, entonces no es verdadero, y definitivamente no es romántico. Eso es mentira. Todas las relaciones necesitan energía y esfuerzo. El romance llega cuando usted aporta el entorno para ello.

¿Son las protecciones realmente necesarias? ¿Establecerlas no es algo como salir corriendo de miedo? Responderíamos que sí a ambas preguntas. Con más del cincuenta por ciento de los matrimonios (cristianos y no cristianos) terminando en divorcio y una sociedad corriendo a pasos acelerados en inmoralidad sexual, algo de miedo es algo bueno. Si baja la guardia, si no se recuerda a usted mismo que hizo un voto ante Dios con su pareja, si no establece protecciones para sus ojos, manos y voz, y si deja que su mente y sus emociones sigan su curso, corre un alto riesgo de convertirse en parte de las estadísticas.

Por otro lado, puede aprender de sus errores. Puede incorporar algunas medidas protectoras a su vida. Entonces quizá usted y su cónyuge puedan convertirse en miembros de una demografía mucho más pequeña: esos matrimonios que no sólo sobreviven a la infidelidad sino que también sanan y mantienen una relación que los dos cuidarán para siempre.

Preguntas para considerar y conversar

1. Gary se dio cuenta de que necesitaba él mismo imponerse el rendir cuentas. Describa a su cónyuge las cosas que se ha impuesto o que se impondrá, para tener protecciones en su vida.

2. Los amigos de Mona y Gary pensaron que estaban siendo paranoicos. ¿Por qué Mona no iría al centro comercial con su amigo para ayudarle a elegir un regalo para su esposa?

3. ¿Cree que una persona en un "matrimonio feliz" puede sentirse atraída por otra persona? ¿Por qué o por qué no?

4. Mona y Gary dijeron que a veces las parejas no establecen, mantienen o protegen la relación íntima que deben tener entre ellos. Discuta esto en relación con su matrimonio.

5. Discuta algunas de las cosas que ve en nuestra cultura que fomentan el tener amistades íntimas entre personas del sexo opuesto. ¿Cómo puede evitar algunas de ellas?

6. ¿Cree que es vulnerable y, por tanto, que necesita protecciones?

7. Si su marido o esposa se dieran cuenta de que se sienten atraídos hacia otra persona, ¿querría que se lo contaran? ¿Podrían hablarlo sin sentirse amenazados y enojados?

8. Mona y Gary describieron crear protecciones para los ojos, los actos y la mente. Comparta qué podrían ser cada una de ellas en la práctica según su opinión. ¿Cuál es con la que más lucha usted?

9. Primera de Corintios 6:18 nos enseña a huir de la inmoralidad sexual. Si usted es el infiel, ¿puede identificar el momento en que debía haber huido?

10. Lea Santiago 1:13-15. Hablen sobre cada paso que describe.

12
Aventuras amorosas emocionales

Cualquiera que mira a una mujer y la codicia
ya ha cometido adulterio con ella en el corazón.
Mateo 5:28

Un libro que trate sobre parejas en recuperación del adulterio estaría incompleto sin tratar las aventuras amorosas emocionales. Así que como no es algo que nosotros hayamos experimentado, queremos compartir con usted las historias de dos parejas que pasaron por una aventura amorosa emocional, para que pueda tener una idea de la realidad de sus comienzos, sus efectos y sus consecuencias. Tanto "Mike como Marie" y "Matt y Rachael" son parejas reales y sus historias son verídicas, pero hemos cambiado sus nombres y algunos detalles insignificantes para proteger su privacidad.

La historia de Mike

Mike se dirigía hacia el comedor cuando vio a Sharon que se dirigía en la misma dirección. Parecía perfectamente natural preguntarle si quería unirse a él.

—Claro Mike, ¡encantada!

Se sentaron en una mesa y comenzaron a hablar del trabajo. No pasaron ni cinco minutos cuando les interrumpió alguien que tenía que hablar con Sharon.

Mike dejó vagar sus pensamientos. Se sentía orgulloso de que su amiga fuera una buena empleada. Sharon había encajado muy bien y muy rápido en la plantilla. Era divertido estar con ella y hacía un buen trabajo.

Cuando Mike y su esposa, Marie, se enteraron de que Sharon había conseguido el trabajo en la escuela donde trabajaba Mike, se alegraron mucho. De hecho, las dos familias lo habían celebrado con una gran barbacoa en el patio de su casa. Sharon, su marido Ron, y sus hijos se reunían con Mike y su familia al menos dos veces por semana. Lo pasaban bien juntos, y disfrutaban mucho haciendo las mismas cosas. Ambas familias asistían a la misma iglesia del vecindario; de hecho, fue allí donde se conocieron.

Marie y Sharon se habían hecho muy buenas amigas durante el último año o así. Marie incluso comentó que quizá pegaba un poco de la "madurez espiritual" de Sharon se le podría pegar a Mike.

Mike había sonreído e intentado ignorar el picotazo que habían causado esas palabras.

♥

—¿Qué te pareció la nueva obra?

Mike oyó la pregunta de Sharon y se dio cuenta de que no había estado escuchando.

—¿Qué?

—¿Dónde estabas? La obra de teatro que hicimos en la iglesia el domingo, ¿qué te pareció?

Mike y Sharon habían comenzado recientemente a servir en el ministerio de niños de su iglesia. A los niños les encantaba lo que estaban haciendo, y estaba teniendo mucho éxito.

Mike estaba feliz de comenzar a sentirse finalmente parte de esa iglesia. La iglesia siempre había sido un asunto importante para él y Marie. Ella había crecido en una denominación en particular, y su familia era extremadamente fiel. Mike sabía eso desde antes de casarse. De hecho, él se había cambiado a su denominación porque no le importaba. Pero, con el paso del tiempo, se dio cuenta de que sí le importaba. La verdad sea dicha, le molestaba tener que ir a "su" iglesia. Incluso después de asistir a su iglesia durante muchos años, nunca se sintió parte de allí. No podía apreciar todas las tradiciones que Marie y su familia disfrutaban tanto. Le gustaría poder estar en una iglesia que fuera "de ellos".

Mike y Marie habían estado felizmente casados durante dieciséis años. Tenían tres hijos maravillosos y, en términos generales, tenían una buena vida. La carrera de Mike iba sobre ruedas. Marie era una esposa y madre maravillosa. Hacían una buena pareja, se comunicaban bien (cuando estaban de acuerdo), y cuando no estaban de acuerdo, normalmente lo dejaban pasar.

Como el asunto de la iglesia. Mike había intentado explicarle a Marie cómo se sentía, pero Marie le había dicho: "Mike, sería como cortarme el brazo derecho".

No había forma de ganar aquí, así que lo dejaba estar.

Después su hija mediana se involucró con las chicas del vecindario en una iglesia cercana, y ella también comenzó a trabajar en su mamá. Mike no estaba seguro de por qué Marie había cambiado de idea, pero la familia había comenzado a asistir junta a la nueva iglesia.

Conocieron a Sharon y Ron en la escuela dominical. Sharon jugó un papel importante ayudando a Mike y Marie a sentirse cómodos.

Pero Marie nunca pareció sentirse cómoda allí. De hecho, no quiso hacerse miembro. Mike se había molestado por eso. Tenía muchas ganas de ser alguien de la casa y no un visitante. Pero Marie se mantuvo en sus trece, ya era miembro de una iglesia: la iglesia de su infancia.

Mike estaba contento de que Sharon le hubiera invitado a trabajar con ella en el ministerio de niños. Sentía que formaba parte de esa iglesia.

Mike y Sharon coincidían en casi todo. Ella le respetaba y lo demostraba. Estaba interesada en lo que él tenía que decir, y escuchaba atentamente sus ideas para el ministerio de niños.

A diferencia de Marie, la cual era una mujer que se hacía cargo de todo. Si había una decisión que tomar, ella lo hacía. Las decisiones venían fácilmente, con o sin la participación de Mike. Él simplemente no se había dado cuenta de lo mucho que le gustaba y de lo mucho que quería ser parte del proceso.

A veces le molestaba a Mike que Marie no pareciera necesitar su opinión. Su mamá lo había hecho también. La manera en que ella trataba a su papá había creado resentimiento en Mike, y le molestaba que su papá lo permitiera. Mamá era fría y dominante, y tomaba todas las decisiones. Al menos en Marie no era algo *tan* marcado.

♥

Mike y Sharon se sentaron en el comedor hablando de la escuela, el ministerio que compartían, sus familias y la vida en general. Después de la comida, él se preguntó brevemente si debería compararla con Marie. Quizá no debería disfrutar tanto de esas comidas a solas. Él lo racionalizó como algo sin excesiva importancia.

Tres meses después, comer juntos cada día se había convertido en una rutina bien aceptada para Mike y Sharon. Ahora se habían cambiado a una sala que muy poca gente usaba. Muy abierta, pero muy privada. Nadie podía decir jamás que hacían algo malo. Cada día compartían más el uno con el otro. Hablaban de los niños, los retos de intentar hacer malabares con la vida y todas sus responsabilidades. Hablaban sobre cosas triviales y cosas de gran importancia, y comenzaron a compartir sobre los déficits que cada uno veía en sus respectivas parejas.

—Si Ron fuera más como tú, Mike.

—Sharon, aprecio mucho cómo me escuchas cada sugerencia que hago y cómo luego pensamos las cosas juntos. A Marie parece no importarle mucho lo que yo piense.

Un día dieron otro paso en su relación. Tras compartir pensamientos íntimos y profundos, Sharon se estiró por encima de la mesa para tocar el brazo de Mike. Las manos de Mike se encontraron con las suyas a mitad de camino y sus manos se tocaron. La única intención había sido un simple toque humano para expresar aprecio e interés, pero se convirtió en mucho más que eso. En vez de retirarlas, ambos permitieron que sus manos se unieran; sonrieron, sus ojos se fijaron, y luego cada uno miró a otro lado, retirando lentamente sus manos, y comenzaron a recoger sus cosas. La comida se había terminado.

Se levantaron y se dirigieron de nuevo a sus oficinas, pero esta vez por separado. Algo había ocurrido. Ellos no sabían exactamente qué, pero algo había ocurrido ese día.

La comida dejó de ser suficientemente larga, y se había convertido en el punto álgido del día para ambos. A Mike, los fines de semana ahora le parecían eternos. Incluso cuando se juntaban ambas familias, ya no sentía lo mismo, y anhelaba pasar esas comidas especiales a solas con Sharon.

Pero es sólo una buena amistad. Sólo es comer. Realmente no es la gran cosa, ¡de veras!

El otoño dio paso al invierno y pronto llegaron las vacaciones. Mike y Sharon se sintieron un poco tristes cuando llegaron las vacaciones en la escuela.

El día de año nuevo iba a ser algo grande. Varias familias de la iglesia se reunirían para tener una gran noche de convivencia cristiana para recibir el año nuevo. Los chicos estaban fuera resolviendo los problemas del mundo mientras que las chicas estaban hablando y jugando a las cartas en la enorme mesa del salón. Sus risas incontrolables se oían por toda la casa.

Cerca de la medianoche, los niños entraron gritando. "La bola está empezando a bajar. ¡Vamos, todos!"

Así que todos entraron en la sala, donde estaba encendida la televisión, mostrando a las multitudes fuera por miles en la plaza de Times Square. Mike pudo ver a Marie de pie con los niños al otro lado de la ocupada sala.

"10-9-8-7-6-5-4-3-2-1...¡Feliz Año Nuevo!"

Mike estaba brindando con todos sus amigos, pero no fue hacia Marie. Intentó convencerse de que ocurrió sólo porque un amigo tras otro llegaba a saludarle y a estrechar su mano, y antes de que pudiera hacer nada el momento se había pasado. Como pareja, era una tradición recibir el año nuevo con un beso, pero Mike evitó a Marie ese año. Sharon estaba en la sala, y eso hizo que todo fuera extremadamente incómodo.

La vida siguió. Tras el invierno llegó la primavera, y el año escolar estaba llegando a su fin. Mike sabía que las comidas también se terminarían, y no podía negar ahora que su amistad se había convertido ahora en algo muy especial. Por primera vez no estaba deseando que llegara el fin del curso escolar.

La historia de Marie

Marie vio llegar el auto de Sharon a la puerta de su casa a través de la ventana del salón. Tomó su bolso y su lista, y se dirigió a la puerta delantera para irse con su mejor amiga. Estaba contenta de que Sharon hubiera accedido a ir de compras con ella para la fiesta del fin de año escolar.

La vida le iba bien. Los niños iban bien en la escuela. La carrera de Mike iba bien, tenían buenos amigos cristianos, e incluso el conformarse con las peticiones de Mike y los niños de asistir a la iglesia del vecindario había resultado ser algo bueno. Aunque sí extrañaba las tradiciones de su antigua iglesia.

Mike había estado un poco distante últimamente, y la frase "crisis de la mediana edad" se había cruzado por su mente. Intentaba ser una buena esposa y madre, y estaba orgullosa de la familia que tan diligentemente cuidaba. Se colocó un mechón de cabello que no estaba en su sitio, salió por la puerta de su casa y cerró.

Estaba contenta de que ella y Sharon pudieran disfrutar de unas pocas horas juntas antes de que los niños salieran de la escuela y que Mike llegara a casa.

Marie abrió la puerta del auto y entró.

—¿Cómo te fue tu cita?

Las palabras apenas habían salido de su boca cuando sintió que algo andaba mal. Una mirada a Sharon, y sabía que tenía razón. Sharon miraba fijamente hacia adelante. ¿Había estado llorando?

—¿Qué ocurre?—la preocupación de Marie se hizo audible.

—Marie, tengo que decirte algo.

Después, Sharon volvió su cabeza y miró a Marie a los ojos.

¿Por qué de repente sintió que sabía lo que Sharon le iba a decir?

No lo digas, Sharon. No cambies todo. No lo arruines.

Es increíble el efecto que puede tener la combinación de temor y enojo sobre tu cuerpo. Mientras el resto de ella, incluyendo su corazón, tenía la sensación de estar en caída libre desde un puente, la espalda de Marie se agarrotó y miró directamente a la cara de la mujer que estaba a su lado.

Los ojos de Sharon se llenaron de lágrimas y sus hombros se desplomaron.

—Mike y yo, nosotros... *¡Cómo te atreves a poner esos nombres juntos en la misma frase!*

—Mike y yo nos hemos acercado mucho.

—¿Qué significa eso Sharon? ¿Te ha tocado?

—En mi mano. Sólo mi mano, te lo juro.

—¿Te ha abrazado?

La pausa de Sharon fue suficiente respuesta. Realmente no había necesidad de más palabras.

La mano de Marie agarró la manilla de la puerta. Tenía que salir del auto.

—Marie, por favor espera.

El apasionado ruego de Sharon no pudo atravesar la separación que ahora era tan tangible entre ellas.

—Marie, por favor. Eres mi amiga. No quiero perderte. Por favor, ¿no podemos arreglar esto? ¿No podemos seguir siendo amigas?

Marie no reconoció la voz que respondió a la pregunta de Sharon.

—No creo.

Abrió la puerta y salió del auto a la acera.

Mientras caminaba hacia la puerta delantera de su casa, parecía que el mundo a su alrededor había tomado una apariencia surrealista. Todo parecía igual, pero nada era lo mismo. Nunca lo volvería a ser.

Agarró el pomo de la puerta para entrar en su casa. Fue entonces cuando la primera lágrima recorrió su mejilla. Tras varios intentos con su mano temblorosa, la llave entró en la cerradura y la puerta se abrió, permitiendo así su encierro.

¿Qué hago ahora? ¿Cómo puedo proteger a mi familia? Oh Dios, ¿cómo puedo arreglar esto? Nadie puede saber lo mal que lo he hecho.

Se derrumbó en la silla más cercana. Alguna parte de ella oyó alejarse el auto de Sharon, ¿pero qué importaba ahora? ¿Cómo podía haber sido tan estúpida?

Sus desvariados pensamientos se centraron ahora en la fiesta a la que habían asistido el día de año nuevo hacía sólo unos pocos meses. Se había dado cuenta entonces de que algo andaba mal. Lo había sentido tan claramente como lo estaba sintiendo en ese momento.

Mike no había venido a ella, ni había compartido con ella ese primer beso de año nuevo. Había sabido entonces que ya no era su mejor amiga, y la puñalada de dolor al dase cuenta casi la dejó doblada.

¿Había abrazado él a Sharon esa noche? No se acordaba.

Pero recordaba que fue la primera vez que no habían compartido ese beso en dieciséis años.

No sabía cuánto tiempo había estado sentada en la silla, pero lo supo cuando el reloj marcó las tres. Los niños llegarían pronto. Después de todo, seguía siendo una mamá, y nunca antes sus instintos maternales habían sido tan precisos. Por encima de todo, no permitiría que eso dañara a sus hijos. Sabía que tenía que quedarse, que tenía que ser lo que era: una madre. Un trabajo no remunerado, lo único que sabía hacer era ser esposa y (no, tacha eso) ser madre. Y que Dios ayudara a todo aquel que pensara por un sólo instante que no protegería a su familia con todo lo que tenía.

Cómo pasó las siguientes horas nunca lo había entendido. De algún modo, se había levantado de esa silla, había ocultado su rostro bañado en lágrimas y su corazón partido y había procedido con sus tareas. Incluso cuando Mike llegó a casa, había sido capaz de mantener el tipo. Pero sólo hasta que los niños se metieron en la cama.

—Michael, sé lo de Sharon y tú.

—¿Qué? ¿Sharon y yo? ¿De qué estás hablando?

—Michael, no me mientas. Sharon me dijo que ustedes dos se han…acercado demasiado.

Le costó mucho incluso decir las palabras, y una vez que lo hizo, las lágrimas regresaron, y fuese cual fuese la cubierta protectora que había usado para proteger a sus hijos se cayó. El dolor le hizo agarrarse el pecho y hundirse en la cama.

—Marie, no ha ocurrido nada entre Sharon y yo. Estás haciendo una montaña de un grano de arena. De verdad, tienes que creerme.

La voz de Mike comunicaba más que sus palabras.

—Michael, ella me lo *contó*—. Marie sollozó.—Lo vi en su rostro.

—Marie, mírame—.Mike tomó la cara de Marie en sus manos y la dirigió hacia él—. Cariño, quizá hayamos estado demasiado amigables, pero te juro que no ha ocurrido nada, y no ocurrirá nada. No es la gran cosa, de veras.

Marie retiró su rostro de sus manos. Tras una breve conversación, Marie la terminó diciendo:

—De acuerdo, Michael. Pero esa mujer y yo (y tú) ya no somos amigas. ¿Me entiendes? Ya no somos sus amigos. No permitiré que esa mujer dañe a mi familia.

El tono de Marie no dejó lugar para discutir, y Mike lo sabía por experiencia propia. Asintió con su cabeza.

—Marie, lo siento mucho.

Ese día terminó una era, la era en que Marie pensaba que podía mantener a su familia a salvo fácilmente. Ahora tendría que tener mucho más cuidado.

Durante los meses siguientes, las cosas entraron en otra rutina. El año escolar se acabó. Sharon ya no trabajaría en la misma escuela el año próximo. Los niños no habían hecho muchas preguntas, y había sido relativamente fácil guiarles a otras actividades y amistades. Mike y Marie dejaron de asistir a la iglesia de su vecindario y siguieron a unos viejos amigos a otra.

Marie recibió muchos halagos por su reciente pérdida de peso. La comida no sabía bien y era verano; "demasiado calor para comer". Sabía de algún modo que había caído del pedestal en el que Mike siempre parecía haberla tenido. No sabía cómo, y no sabía por qué, pero haría cualquier cosa para volver a subirse arriba. Aprendió a ignorar el sentimiento de que a veces parecía como si algo existiera entre ellos. A veces le extrañaba. Era esa crisis de los cuarenta, y Mike lo superaría y todo volvería a ser como era. Así que se enfocó en sus hijos y se dedicó por entero a ellos.

Después de todo, realmente no había ocurrido nada.

Mike y Marie

Mike y Marie siguieron adelante con sus vidas tras el "incidente" con Sharon. Eran jóvenes y estaban ocupados. Marie enfocó su enojo en Sharon e interiorizó todos sus temores sobre Mike. Ninguno de ellos quiso explorar lo que ocurrió. No lo llamarían una "aventura amorosa" hasta mucho después.

Trece años después, durante un periodo extremadamente estresante de sus vidas, Mike tuvo una aventura amorosa física con otra mujer con la que trabajaba. Esta vez el enojo de Marie pesó más que su temor, y buscaron ayuda. Marie dice: "La aventura amorosa emocional rompió mi corazón. La aventura amorosa física rompió nuestra relación".

Cuando les preguntaron: "¿Cuál fue su error más grande al tratar con la aventura amorosa emocional?", tanto Mike como Marie estuvieron de acuerdo en que nunca habían llegado a sanar. Marie no quería oír nada sobre ello, y Mike realmente no quería hablar de ello, así que no lo hicieron. Ambos creyeron que como no trataron los problemas y no hicieron el duro trabajo de reparar su relación, les dejó vulnerables ante otra aventura amorosa muchos años después.

Cuando Marie se enteró de la aventura amorosa emocional, tuvo miedo de cómo podría salir adelante si Mike la dejara. Temerosa de lo que todos los demás pensaran, haría cualquier cosa para impedir que ella se viera como un fracaso como esposa y como madre. Así que metió todos sus sentimientos bien adentro, se dibujó una sonrisa de plástico en su rostro y siguió adelante con la vida. Intentó convencerse de que "realmente no había ocurrido nada", pero en su corazón siempre supo que en realidad sí había ocurrido algo. Algo muy grande.

Mike, por otro lado, admite que probablemente no hubiera detenido la aventura amorosa emocional si Sharon no se lo hubiera confesado a Marie. Mike nunca creyó que tuviera un problema en esta área. Había sido fuerte. Nunca hubo sexo, y realmente pensaba que no era la gran cosa; en ese tiempo.

Le preguntamos a Mike dónde, retrospectivamente, había cruzado la línea en su relación con Sharon, y nos dijo dos cosas:

Cuando comenzó a anhelar pasar tiempo juntos a solas.

Cuando dejó de compartir con Marie todo lo que estaban hablando él y Sharon.

Cuando les preguntamos qué compartirían con parejas que están pasando por una recuperación de una aventura amorosa emocional, ambos nos expresaron enfáticamente lo siguiente:

"Primero, no deje grandes problemas sin resolver. Puede que no sea divertido encontrar una respuesta con la que ambos puedan estar en paz, pero no tratar ese asunto acerca de la iglesia dejó un punto débil en nuestro matrimonio. Una amistad con la persona equivocada en el momento equivocado encontró ese punto débil".

"En segundo lugar, cuando nos dimos cuenta de que la amistad se había convertido en algo más, lo negamos. ¡No lo minimice! Sólo porque no sea sexual no significa que no sea una aventura amorosa, y tienen que tratar eso. ¡SÍ ES LA GRAN COSA!".

❤

Mike y Marie sanaron su matrimonio tras la segunda aventura amorosa. Consiguieron ayuda e hicieron el trabajo duro. Ellos fueron una de las primeras parejas en participar en un grupo de apoyo de Hope & Healing. Hace diez años de la recuperación post aventura amorosa, y trabajan como facilitadores de Hope & Healing. Mike y Marie también sirven en su iglesia local y ahora tienen ocho hermosos nietos muy queridos. Ambos reconocen agradecidos que su tiempo como abuelos sería muy diferente y se estarían perdiendo algo muy especial si no hubieran pasado por el duro trabajo de la recuperación.

La historia de Rachael

Matt y Rachael eran novios en el instituto (entre sus separaciones). Parecía que Matt no podía lidiar con una novia y un equipo deportivo a la vez.

Cuando acudieron a la consejería prematrimonial, el pastor les dijo que había algunos asuntos serios que habían surgido en sus respectivos tests y que estaba verdaderamente preocupado. Rachael recuerda a Matt inclinándose hacia adelante y diciendo: "Pastor, nos vamos a casar. ¿Quiere seguir dándonos la consejería o nos tenemos que ir a otro lugar?". Rachael estaba totalmente de acuerdo.

Siete años después, Rachael y Matt tenían tres hijos. Matt sintió un llamado al ministerio en vez de a la empresa familiar. Rachael era ama de casa y mamá. Debería haber habido una comedia de situación de los cincuenta.

Pero no la había.

En algún momento durante el camino Rachael se dio cuenta de que se sentía abandonada. Matt estaba ocupado con su ministerio, y ella se sentía como si llevara toda la carga de su familia. Rachael sentía que había sido transportada atrás en el tiempo a los tiempos cuando ella y Matt se separaban porque él no podía manejar su equipo y su novia, sólo que ahora el equipo había sido reemplazado por la iglesia. Su vida se había desintegrado en una rutina donde el papel de Rachael podía haberlo desempeñado un empleado a sueldo. Se sintió sola. ¿Dónde va la mujer de un pastor cuando sabe que hay problemas en su matrimonio?

Ella fue a Matt. Intentó hablar, expresarle su corazón. Intentó escribirle una carta detallando sus preocupaciones y expresando sus sentimientos. Matt percibió cada palabra como una crítica, y nunca fueron capaces de pasar de ahí. Las preocupaciones de ella no fueron escuchadas. La de él era que su esposa no le amaba incondicionalmente. Tras unos años y numerosos intentos, había culminado en una conversación donde Rachael expresó su bancarrota emocional diciendo: "Ya no te amo".

En vez de estimular a alguno de los dos a la acción, ambos se resignaron, ella a un matrimonio sin amor, y él a...el pensamiento de Rachael terminó ahí. No sabía lo que pensaba él o lo que planeaba. ¿Alguna vez se había dado cuenta él de lo que había ocurrido?

Quizá esperaba un cambio cuando se mudaron de estado para poder asistir a un instituto bíblico. Quizá surgiera también en ella un poco de esperanza. Una nueva vida, ellos solos, sin familiares.

Así que se mudaron a una casa nueva. Matt comenzó sus clases como estudiante a tiempo completo y aceptó una posición como líder de alabanza en su nueva iglesia. Rachael se inscribió en un par de clases en el instituto bíblico. Sabía que estaría muy ocupada, pero estaba de acuerdo con el plan de que Matt tuviera un título y consiguiera un trabajo en el ministerio.

Lo que ella no había esperado era que, a medida que los niños crecían y demandaran pasar más tiempo con papá, Matt no les diera más prioridad de la que le había dado a ella. Pero Rachael se resignó a pasar como fuera esos dos años. Seguro que las cosas mejorarían...más adelante.

Rachael se puso a pensar en los preparativos del día de Acción de Gracias. Iba a ser la primera vez que preparase

la comida ella sola. Sus amigos Dennis y Linda vendrían.
Todos eran estudiantes del instituto bíblico, y Dennis también formaba parte del equipo de alabanza.

Ella pensó en la noche anterior en el ensayo del grupo de
alabanza. Le hizo una pregunta a Matt, la cual no contes-
tó. Después Dennis miró hacia ella, sonrió y respondió la
pregunta que había hecho. Era una buena sensación sentirse
escuchada, ser reconocida como persona.

La comida de Acción de Gracias salió bien y todos la dis-
frutaron. Tras la comida todos se fueron al salón a sentarse, y
Rachael comenzó a recoger la mesa. Estaba agotada. Le pilló
por sorpresa cuando Dennis entró y se dispuso a ayudarla.

Matt nunca hacía eso.

Dennis y Rachael disfrutaban la camaradería de trabajar
juntos, y ella se dio cuenta de lo mucho que el amable gesto
de ayudar significó para ella. Qué necesidad tenía de compañía masculina. Dennis pensaba en ella. Dennis era divertido.
Una parte de Rachael comenzó a florecer, y pensó por primera vez que Dennis era un hombre atractivo.

Rachael comenzó a disfrutar incluso más cualquier oportunidad de pasar tiempo con Dennis tras ese incidente, y casi
parecía como si alguien, o algo, estuviera orquestando que se
encontraran. Se veían en los mismos sitios sin estar planeado.
La sorpresa de verse se convirtió en disfrutar de la compañía
mutua sin sus cónyuges.

Las sonrisas se convirtieron en conversaciones privadas.

Las conversaciones privadas se convirtieron en toques casuales y amigables.

Los toques casuales y amigables se convirtieron en la
chispa que ambos sintieron, y esa chispa se tradujo en conversaciones íntimas sobre un futuro juntos.

¿Acción de Gracias había sido sólo hacía cinco meses?

¿Cómo podía haber cambiado la vida tan rápidamente? En esos cinco cortos meses, ella y Dennis reconocieron que sus matrimonios estaban igual de muertos. Ninguno quería que eso sucediera, simplemente ocurrió, y como cristianos hicieron lo que creyeron que era lo correcto. No cayeron en la sexualidad. Permanecieron "fieles" a sus respectivos cónyuges. Eso debía servir para algo.

Rachael se lo confesó a Matt poco después de darse cuenta de lo que había ocurrido entre ella y Dennis. Fue honesta y admitió que se había enamorado de Dennis. Se casarían y pasarían a trabajar juntos en el ministerio. Rachael sabía que a Matt le iría bien, y como papá soltero tendría necesariamente que involucrarse más con los niños.

Y Rachael podría amar y ser amada.

La historia de Matt

Matt se despertó de un profundo sueño en medio de la noche sintiendo que algo no iba bien. Se dio cuenta de que Rachael no estaba en la cama. La casa estaba tranquila y callada.

—¿Rachael? ¿Dónde estás?

—¡Rachael!

No había respuesta.

Recorrió la casa, revisando cada habitación hasta que llegó a la habitación de invitados. Pudo ver su silueta tumbada en la cama en la oscuridad.

Matt encendió la luz, preguntándose por qué ella estaba ahí y no en su cama. Luego su pregunta cambió al ver sus ojos hinchados y notar la almohada mojada.

—Rachael, ¿qué ocurre?

Ella respiró hondo y abrió su boca como si fuera a hablar, pero no salieron palabras. Su voz se quebró y luego se puso a llorar incontrolablemente.

Matt se sentó en el borde de la cama sabiendo que algo malo había ocurrido. Se dispuso a abrazarla y ella le apartó.

—Tengo que decirte algo—.Sus palabras sonaron tan torturadas como ella parecía estar.

Matt sintió el terror subiendo en lo más hondo de su ser. La adrenalina recorrió todo su cuerpo, deshaciendo cualquier síntoma de adormecimiento.

—¿Qué ocurre Rachael?

—Te dije hace mucho tiempo que ya no estaba enamorada de ti. Pero ahora me he enamorado de Dennis.

Matt se quedó allí sentado con sus ojos abiertos del todo, deseando que eso fuera una pesadilla.

—¿Dennis y tú? ¿Mi mejor amigo, Dennis? ¿El tipo con el que jugué al balonmano el otro día?

Rachael miró fijamente a Matt, llorando y asintiendo con la cabeza.

Matt se levantó lentamente de la cama. Podía oír latir su corazón en sus oídos. Mientras salía de la habitación, apagó la luz.

Rachael se quedó en la habitación de invitados.

Cuando Rachael llegó a casa tras llevar a los niños a la escuela a la mañana siguiente, Matt tenía un plan. Irían a ver a Dennis y su esposa. Los cuatro discutirían eso, y la relación terminaría. Como pastor, Matt sabía qué era lo correcto en estos casos, y tenía confianza en que Rachael también lo supiera.

Eran cristianos. Él pronto terminaría con el instituto bíblico y estaba convencido de formar parte de la plantilla de alguna iglesia grande en unos años. Eso no iba a cambiar sus planes.

La reunión con Dennis y su esposa no fue como Matt había anticipado. Se dijeron todas las palabras correctas.

Rachael y Dennis dijeron que no había habido contacto físico entre ellos (no era una aventura amorosa sexual). Luego todos estuvieron de acuerdo en que Dennis y Rachael no se volverían a ver.

Matt sabía que se debía sentir aliviado. Pero no era así.

Los días siguientes fueron surrealistas. Matt se sentía inquieto.

Rachael se mostraba distante.

Él pensó en hablar con ella, pero no sabía qué decir.

El sonido invasivo del teléfono despertó a Matt y Rachael a las dos de la mañana unas pocas noches después.

Matt se levantó de la cama.

—¿Diga?—.Esperó una respuesta.

—¿Diga?—.No había nadie.

Rachael se giró y preguntó medio aturdida:

—¿Quién era?

—Imagino que se han confundido.

Los dos se volvieron a dormir rápidamente.

Matt se despertó de nuevo y miró el reloj, que decía que eran las 3:00 de la mañana. Se estiró y sintió solo sábanas y mantas. Rachael no estaba en la cama.

El terror recorrió todo su cuerpo. Saltó de la cama y corrió directamente a la habitación de invitados, donde la había encontrado otras veces, donde le había confesado su amor por Dennis.

Tampoco estaba ahí.

"¿Rachael?". Matt la llamó en la callada y oscura casa en voz no muy alta para no despertar a los niños, pero lo suficiente para que le oyera. Le llevó unos minutos buscar por toda la casa. Se había ido.

Rachael, la perfecta esposa del pastor. ¿Cómo había ocurrido eso?

"¿Dónde está Señor? ¿Está con él? ¿Se ha ido para bien?

Matt se puso a llorar y alzó su cabeza y sus manos clamando al Señor mientras los minutos se convertían en una hora, luego en dos horas. Cuando oyó una llave en la cerradura, eran las 5:15 de la mañana.

—¿Dónde has estado?—Matt ni siquiera hizo una pausa.

—Has estado con Dennis, ¿verdad? No me lo puedo creer. ¿Qué estás haciendo, Rachael? ¿Te has vuelto loca?

La furia de su enojo creció. Matt ya no era el pastor. Había pasado a ser el marido enrabietado.

Finalmente se detuvo lo suficiente para que Rachael pudiera responder y confirmar sus sospechas. Había estado con Dennis.

Matt y Rachael comenzaron a hablar sobre lo que estaba ocurriendo por primera vez, pero no se había resuelto nada cuando el sol hizo su aparición.

Matt sabía que necesitaba un consejo sabio, y quería hablar con su jefe, el pastor principal de su iglesia. Llamó y concertó una cita para reunirse a primera hora de esa misma mañana.

Llegando al aparcamiento, su cabeza aún estaba nadando por los eventos de las últimas horas. Llamó a la puerta del pastor Robert.

Un apagado "Entra, Matt" se oyó detrás de la puerta.

Cuando entró en la oficina, se derrumbó en la silla que había justamente enfrente del pastor Robert.

—Tienes mal aspecto.

—No ha sido la mejor noche de mi vida—Matt se detuvo—.Pastor, Rachael ha estado viendo—

El pastor Robert le cortó.

—Lo sé todo, Matt.

La expresión de Matt reveló su sorpresa.

—Me llamaron hace un par de domingos y me dijeron las sospechas sobre Rachael y Dennis.

—¿Usted sabía esto y no me dijo nada?—preguntó Matt un tanto incrédulo.

—No sabíamos qué hacer.

Matt se levantó.

—¿Sabíamos?

El pastor Robert cruzó sus brazos sobre su pecho y se reclinó en su silla.

—Tuve que exponerlo ante el consejo de ancianos para tomar una decisión. Tenemos que prescindir de ti.

—¿Prescindir?—gritó Matt. Sintió que la sangre se le iba de la cabeza y se preguntaba si se iría a morir.

—¿Prescindir *de mí?*

—Cálmate, Matt. Era la única decisión que podíamos tomar. No podemos tener otro escándalo como el que causó el pastor de jóvenes. Su aventura amorosa casi destrozó la iglesia. Tú y Rachael pueden seguir asistiendo a la iglesia, pero debo pedirte que mantengas esto en silencio. Nadie debe saberlo.

El pastor Robert continuó.

—Por favor rellena tu carta de dimisión con efecto inmediato y déjala sobre mi mesa antes de irte a casa hoy. Te pagaremos al final de mes, pero por favor dame ahora tus llaves y recoge tu oficina.

Matt lo había perdido todo. Era demasiado ni tan siquiera para empezar a comprenderlo.

Cuando llegó a casa esa noche, Rachael le informó que le habían pedido que dejara el instituto bíblico.

Sus vidas se estaban desmoronando.

Cuando más intentaba Matt salvar su matrimonio, más parecía que sus esfuerzos alejaban aún más a Rachael. Así que se retiró y le dio el espacio que ella dijo que necesitaba. Habían pasado tres meses, y nada había cambiado.

Matt tenía un trabajo de media jornada enseñando una clase en la universidad local. También había tenido la fortuna de conseguir otro trabajo en la ciudad que le permitía proveer para las necesidades de su familia mientras intentaban resolver lo que les depararía el futuro. Cada vez que dejaba a Rachael, podía sentir su corazón latir, y constantemente tenía que luchar con el pánico de que ella se hubiera ido cuando llegara a casa. Esta noche no fue la excepción, y tuvo que obligar a sus pensamientos a volver a los estudiantes que tenía frente a él.

Por el rabillo del ojo vio a alguien mirando a través de la ventana. Giró su cabeza y se dio cuenta de que era la esposa de Dennis. Le hizo una seña para que saliera.

Ninguna parte de él quería oír lo que le tendría que decir. Estaba muy cansado.

Tras excusarse por un momento, salió. Era obvio que ella había estado llorando.

—Matt, Dennis sigue viendo a Rachael. Está en tu casa en estos momentos.

Matt corrió hacia su auto y salió a toda prisa del aparcamiento, a toda prisa por la ciudad como si estuviera en una persecución de alta velocidad. En un sentido lo era.

Cuando atravesó la puerta de su casa, Dennis salió por la de atrás.

Matt le persiguió por el patio trasero, saltando la verja para atravesar el jardín del vecino. El perro del vecino se puso como loco, ladrando y mordiendo a los hombres mientras los perseguía por el jardín. Dennis estaba centrado en escaparse, y Matt en capturarle.

Dennis abrió la verja del vecino, corrió por el jardín frontal, se metió en su auto y cerró la puerta de golpe para irse de allí, haciendo que sus ruedas chillaran en la noche.

Según se perdía el sonido de las ruedas, Matt escuchó a

Rachael gritando desde el porche.

—¡Para, Matt!

Matt volvió caminando a su jardín frontal.

—Se acabó. He terminado. Recojo a los niños y me vuelvo a casa. Se acabo, Rachael. No hay nada que hacer. No puedo seguir soportando esto.

Matt entró en lo que una vez fue su feliz y perfecta casita y comenzó a hacer las maletas.

Recogió sus cosas y las de sus tres hijos. Le dijo a Rachael que volvían a casa y le invitó a irse con ellos. Rachael se quedó ahí de pie sacudiendo su cabeza, viendo cómo su vida se desenredaba ante ella, pero a la vez incapaz de detenerlo. No podía irse.

Vio cómo Matt cargaba el auto.

—Rachael, por favor ven.

—No puedo.

Se quedó allí viendo como Matt se alejaba.

Matt y Rachael

Rachael se sentó en el sofá y se preguntó si eso era lo que realmente quería. Las lágrimas le brotaban de sus ya inflados ojos y rodaban por sus rojas mejillas. Sintió la aspereza de la toalla de papel en su piel al limpiar la humedad de su barbilla y su nariz. Los pañuelos de papel no eran suficientes para contener las lágrimas.

Oh Señor, ¿cómo he llegado hasta aquí? Te he servido con mi corazón y mis talentos.

Nuevas lágrimas volvieron a brotar. *Dios mío, ¿qué he hecho?*

El estridente sonido del teléfono interrumpió los pensamientos de Rachael. Un profundo suspiro se escapó de sus labios. Sabía que era Matt el que estaba al otro lado del teléfono. Otra vez.

—¿Diga?

—Rachael, por favor reconsidéralo. Ven con nosotros. Déjame volver y recogerte. No hagas esto.

—Lo siento, Matt, pero no puedo—.Ella volvió a poner el teléfono en su soporte.

Agarrando más pañuelos de papel, se tumbó en el sofá. Estaba muy cansada. Sentía que tenía muchos más que veintinueve años. *Dios, te obedecí toda mi vida. Yo era la buena chica. Seguí todas las reglas. ¿Por qué eso (o por qué Tú) no me protegió?*

Rachael lloró hasta dormirse en un incómodo anochecer. Demasiado cansada como para poder descansar, demasiado cansada como para poder hacer otra cosa. Las imágenes flotaban dentro y fuera de su estado somnoliento. Dennis sonriendo y estirando su mano hacia ella. Los rostros de sus hijos. Matt enojado. Matt desinteresado. Matt con el dolor marcado en sus rasgos. Sus conflictivos pensamientos y emociones no le permitían dormirse profundamente. ¿Ni siquiera podría escaparse por unas horas?

No puedes hacer esto.

Rachael se incorporó y se quedó sentada. ¿Lo había oído o lo había sentido?

No puedes hacer esto.

Sabía que no había sido una voz audible. También sabía que no era su voz (audible o en silencio). Sabía de dónde venían esas palabras.

No puedes hacer esto.

Pero no amo a Matt y no puedo fingir que sí.

No puedes hacer esto.

Pero amo a Dennis. ¿Acaso no puedo darle esta oportunidad al amor?

No puedes hacer esto.

Rachael se sentó y dio todo argumento que pudo pensar, cada razonamiento que tenía, cada trocito de esperanza al que se aferraba, pero las palabras nunca cambiaron.

No puedes hacer esto.

Finalmente Rachael se quedó sin palabras, sin ruegos, sin excusas, hasta que sólo podía oír esas cuatro palabras.

No puedes hacer esto.

La resignación se asentó en su interior. Profundamente. No tenía ni idea de lo que ocurriría. Ni siquiera tenía esperanza, pero no podía negar la verdad de esas cuatro palabras.

No podía hacer esto.

Habían pasado doce horas desde que Matt se había ido. Estaría a mitad de camino ahora. Cuando el teléfono volvió a sonar, sabía lo que tenía que hacer.

—¿Diga?

—Rachael, por favor, vuelve a casa con nosotros ¿Por favor?

—Matt, yo ya no te amo. ¿Lo sabes?

—Lo sé.

—Si me aceptas de nuevo sabiendo esto, entonces volveré a casa contigo.

❤

Volvieron a pasar tres días antes de que Matt pudiera atravesar tres estados para recoger a Rachael. Ella tuvo tiempo para pensar y más tiempo para oír de Dios.

Cuando Matt llegó, Rachael le explicó que sabía que Dios quería que estuviera con su familia, así que regresaría a casa e intentaría reconstruirlo todo por obediencia al Señor.

Pasaría mucho tiempo hasta que Rachael entendiera por qué Matt regresó, e incluso mucho más antes de alegrarse de haber tomado esa decisión de volver a casa. No fue fácil. Ella nos dijo que el primer año fue el peor. De muchas formas, Rachael pasó por un proceso de dolor y declaró que Dennis estaba muerto (al menos en su corazón).

Ella y Matt estuvieron un par de años en consejería con un consejero cristiano que les ayudó a descubrir muchas áreas en su relación que necesitaban atención. Matt vio por primera vez que también había estado teniendo una aventura amorosa: con su trabajo. La iglesia se había convertido en la otra mujer de Matt.

Por tanto, cuando llegó el momento de que Matt encontrara trabajo, la iglesia no era una opción. Hizo trabajos pequeños para pagar las facturas. El recuerdo más gráfico de Matt es empujar un corta césped, con su cara cubierta de sudor, clamando al Señor: "Padre, sé que me has llamado al ministerio y aun así me tienes aquí. ¿Cortando hierba? ¿Por qué, Señor? ¿Por qué?". Mirando atrás, sabe que ese fue un periodo de quebrantamiento que nunca podrá ser reemplazado. Dios tenía que humillar a Matt de una manera que le permitiera ver el hombre en el que se había convertido.

Le preguntamos a Rachael dónde, retrospectivamente, había cruzado la línea en su relación con Dennis.

Nos dijo: "Cuando sentí el 'hormigueo'. Suena muy ridículo ahora, pero en ese momento creía que como el mejor plan de Dios —mi matrimonio con Matt— estaba 'muerto', la relación con Dennis era el segundo mejor plan de Dios. Era un sentimiento tan bueno y yo estaba tan deseosa, que parecía imposible apartarse. Mi mayor error fue creer la mentira de que como yo estaba tan dolida, las soluciones pecaminosas eran aceptables".

Cuando les preguntamos qué compartirían con parejas que están en un periodo de recuperación de una aventura amorosa emocional, ambos nos dijeron enfáticamente: "Priorícense ustedes como pareja. Aprendan a ser amigos. El tiempo, esfuerzo y dinero para la consejería que fueron necesarios para nuestra recuperación valieron la pena". Matt dijo que tuvo que darle tiempo a Rachael para que se diera cuenta de que él estaba cambiando sus prioridades. Rachael dijo que tuvo que obedecer a Dios y abrir su corazón antes de que sus sentimientos por Matt se volvieran a convertir en amor nuevamente. A ambos les parecía lago arriesgado y sentían miedo.

Matt aconsejaría a pastores que dieran cuentas, con otro pastor o consejero. Enfoque en la Familia tiene todo un ministerio dedicado a pastores y esposas de pastores, y es totalmente confidencial.

¿Qué aprendieron ellos de todo esto?

Rachael dice que su mayor lección fue lo paciente que es Dios con nosotros y cómo sigue amándonos incluso cuando hemos metido la pata hasta el fondo. Él nunca se cansó de ella. "Obtuve un nuevo entendimiento de 'bienaventurados los que lloran' cuando finalmente llegué al punto de llorar por mi comportamiento pecaminoso".

Ella también dice que ahora está en guardia y se da cuenta de cómo el Enemigo se aprovecha de nuestras áreas débiles. "Si vuelve a haber un momento o pensamiento de un 'hormigueo', incluso un sueño, inmediatamente dirijo mis pensamientos a Dios y le pido que me guarde y me mantenga en santidad. Estoy dispuesta a perder una amistad para prevenir cualquier oportunidad de dañar mi matrimonio o mi relación con Dios". Su consejo para cualquiera que esté siendo tentado es simplemente: CORRE.

Matt dice que él aprendió con todo esto que Dios es soberano. "Yo quería estar casado. Quería ser pastor. Quería la familia perfecta. Quería estar siempre en control. Quería asegurarme de que ocurriera".

♥

Han pasado más de quince años, y Rachael y Matt reconstruyeron su matrimonio. Hay amor y hay confianza. Tienen un nieto, y están en el ministerio. Matt es pastor nuevamente sirviendo en una iglesia grande. Las cosas no son como Raquel pensó que serían en esa noche hace tanto tiempo, pero ella consiguió lo que anhelaba, y Matt también.

La historia sobre las aventuras
amorosas emocionales

La primera vez que una pareja se puso en contacto con nosotros por una aventura amorosa emocional, nos pareció que era una carga más ligera que la aventura amorosa física, y eso era lo que se comunicaba. Todos estaban de acuerdo en que era una traición a los votos matrimoniales, pero estábamos muy recientes en nuestra recuperación en ese entonces e ignorantemente creímos que porque la infidelidad se había revelado antes de un encuentro sexual, el daño era menos severo. No entendíamos entonces que el dolor de la traición era tan significativo para su relación como la aventura amorosa física. El dolor, la pérdida y el sufrimiento de la traición se podían experimentar por diferentes causas, pero no se mide en incrementos. Lucharemos por no volver a subestimar el dolor que otro está sufriendo.

Cuando Dios describió el matrimonio en el principio de los tiempos, dejó claro que la relación matrimonial entre marido y mujer debía ser la relación humana número uno desde ese momento en adelante: una relación humana *íntima*, única.

El problema no es que nosotros como seres humanos podamos *interesarnos* por más de una persona; más bien se trata de lo que *compartimos* con otra persona.

El debate sobre si los hombres y las mujeres pueden o no ser amigos probablemente nunca se decidirá a gusto de todos. Sin embargo, creemos que si añade una palabra, *íntimo*, la decisión ya se ha tomado. *Íntimo* implica estrechamente conectados, personal y confidencial.

La Dra. Shirley Glass dice que "infidelidad es que usted toma algo que se supone que es mío, que es intimidad sexual o emocional, y se lo da a otra persona".[1]

En pocas palabras, *las aventuras amorosas tienen que ver más con la traición que con el sexo.*

Las consecuencias del adulterio serán diferentes dependiendo de cada situación. Pero nos hemos sentado con demasiados cónyuges devastados por una traición emocional como para no comprender la profundidad del dolor. Y de hecho, no es extraño oír decir a un cónyuge que puede perdonar el sexo de una aventura amorosa física pero su lucha es tratar con la maraña emocional. Esa traición es la herida más grande.

Por tanto, ¿cómo se puede saber si una amistad está cruzando la línea de una aventura amorosa emocional? Acudiremos de nuevo a la Dra. Glass para ver tres elementos que ella considera necesarios para determinar si una relación es o no es una aventura amorosa: secretismo, intimidad emocional y química sexual.[2]

Secretismo

Cuando se hace el intento de esconder sentimientos o acciones en una amistad, algo más está sucediendo. Lo está disfrutando, pero no es algo que quiera compartir con su cónyuge (de hecho, podría ser embarazoso o causar problemas). No es siempre que su cónyuge no sepa nada de su amistad. Marie conocía la amistad de Mike con su compañera de trabajo, pero ni Mike ni Sharon le dijeron lo que estaba ocurriendo en esas comidas: que su amistad estaba creciendo, profundizando y convirtiéndose en algo que ambos anhelaban que llegara cada día. *El secretismo es un testimonio de que usted sabe que está haciendo discutible.*

Intimidad emocional

En una aventura amorosa emocional, usted invierte más energía emocional fuera de su matrimonio que en él, y recibe más apoyo emocional y compañía de la nueva relación que de su cónyuge. Cuando comienza a contarle a su amigo o amiga cosas que duda o incluso se resiste a contarle a su cónyuge, es un indicador de que la intimidad emocional es más grande en la amistad que en el matrimonio. Cuando algo ocurre y piensa en compartirlo con su amigo o amiga antes en compartirlo con su cónyuge, es otro indicador de que ha invitado a alguien a entrar entre usted y su cónyuge. Uno de los mejores indicadores de esta creciente intimidad es compartir con su amigo o amiga los problemas que está teniendo en su matrimonio, como vimos con Rachael y Dennis.

Química sexual

La química sexual es esa sutil corriente submarina de la conciencia de que esa persona es atractiva para usted. El autor y conferencista Gary Chapman lo llama el "hormigueo". La verdad es que Dios nos creó para ser atraídos sexualmente por otros, y no hay nada de malo en que eso ocurra. Pero es un indicador de que necesitamos limitar el contacto con la persona que provoca en nosotros ese hormigueo (a menos que estemos casado con él o ella). Y la mayoría de los terapeutas concuerdan en que esta atracción se inflama con su admisión aun cuando esa admisión esté acompañada por una declaración de que no actuará en base a ella. En nuestro caso, la compañera de Gary admitió que "tenía que tener cuidado cuando él estaba cerca" mucho antes de que comenzara su aventura amorosa física. El problema era que ni Gary ni su compañera se dieron cuenta del poder que la química tenía para alimentar la intimidad que estaban desarrollando en su amistad. Hay una razón por la que Dios nos aconseja que "huyamos" de la inmoralidad sexual (véase 1 Corintios 6:18 y 2 Timoteo 2:22), en vez de quedarse y luchar para vencer esos deseos naturales.

❤

La combinación de secretismo, intimidad emocional y química sexual es una receta potente que alimenta una atracción. Usted está sobre arenas movedizas, y si no se da la vuelta, antes de que se dé cuenta estará hundido hasta el cuello y en un peligro inminente de dañar severamente su matrimonio.

Por tanto, ¿cómo se enreda una persona que no tiene intención de traicionar a su cónyuge en una aventura amorosa emocional? La respuesta es muy simple: no corre cuando debe hacerlo. Usted piensa que está por encima de la tentación, o piensa que la persona que le resulta atractiva está por encima de la tentación, y tan sólo sigue sus instintos naturales. Escucha al mundo que le dice que no pasa nada malo y que está bien tener esa amistad. Usted permite, quizá incluso manipula, oportunidades de estar a solas con esa persona. Lentamente construye una relación, y está tan cómodo con esa persona del sexo opuesto que baja la guardia y la electricidad llena el ambiente. Después se da cuenta de que se prepara para esos encuentros con esa persona como un adolescente.

El problema es que si definimos la infidelidad sólo por su contacto sexual, entonces podemos sentirnos libres para perseguir relaciones que ofrecen la emoción de algo nuevo sin cruzar las líneas físicas. A menudo a los cónyuges, por otro lado, les cuesta poco discernir cuándo una amistad que están presenciando se ha convertido en íntima, y muy a menudo estas relaciones causan el aumento de conflictos entre el marido y la esposa. Una aventura amorosa emocional compite con el matrimonio, y a menudo el cónyuge puede notarlo.

En nuestra cultura, estar conectado es casi demasiado fácil. Además de ser extremadamente móviles, tenemos teléfonos celulares, correo electrónico, mensajes de texto, mensajería instantánea y redes sociales como Facebook; y con la ayuda de Internet, estas relaciones pueden comenzar incluso con un completo desconocido. Después de todo, puede parecer "privado" e incluso anónimo al principio. Si se está preguntando acerca de una relación, eche un vistazo a ver con quién se está comunicando y con qué frecuencia. El rastro electrónico que dejamos puede ser bastante informativo.

Entonces, ¿qué hace si se da cuenta de que se encuentra en lo que podríamos llamar una aventura amorosa emocional? Ese mismo consejo bíblico que mencionamos antes se puede aplicar también aquí: correr. Continuar la relación significará desastre para usted y para la persona con la que se está involucrando.

La ironía es que a veces retirarse de una aventura amorosa emocional puede resultar incluso más difícil que de una aventura amorosa física, especialmente si racionaliza que *no ha pasado nada*. Si puede ver que ha ocurrido una aventura amorosa emocional, entienda que su matrimonio ha sufrido una grave herida. Tome la energía que ha sido invertida en la relación ilícita y rediríjala a la sanidad y el fortalecimiento de su matrimonio.

Si se reconocieron los sentimientos entre usted y su pareja de la aventura amorosa, la sanidad será como la sanidad de una aventura amorosa sexual. De hecho, creemos que, casi sin excepción, una aventura amorosa emocional si no se hace nada se convertirá en física. Cada principio del que hemos hablado en este libro se puede aplicar también a la sanidad de una aventura amorosa emocional.

Sin embargo, aunque los sentimientos no se hayan verbalizado entre usted y su compañero/a, se tienen que establecer unos límites nuevos.

Sugerimos que uno de los primeros pasos para salir de una aventura amorosa emocional es ir a casa y confesárselo a su cónyuge. Algunos pueden pensar: *Espere un minuto; esto es algo que no tengo que confesar porque realmente no ha ocurrido nada. Lo único que conseguiré será decepcionar a mi cónyuge y causar aún más problemas.* A menos que exista un asunto de seguridad o algo de esa magnitud, realmente creemos que sacar el tema a la luz es lo mejor que se puede hacer. Explíquele a su cónyuge lo que ha ocurrido y las tentaciones que ahora está usted afrontando, y luego consiga su ayuda. Esta confesión logrará tres cosas.

Primero, como explicamos en el capítulo sobre las protecciones, difunde el poder del secretismo. La emoción de un secreto compartido ahora se ha convertido en una amenaza para su familia, y su mundo de fantasía ha sido expuesto a la realidad.

Segundo, ayuda a prevenir la escalada de la relación. Los pasos que ahora dé impedirán que la relación progrese a algo más.

Tercero, es un gran motivador para terminar inmediatamente la relación y comenzar a trabajar para reconstruir su matrimonio con su cónyuge.

Animamos a las parejas a hablar juntos y a acordar qué pasos se darán para disminuir o eliminar el contracto entre el infiel y su compañero o compañera. Obviamente, no habrá más reuniones privadas, no más conversaciones íntimas. La intimidad que estaba dándole gustosamente a otro le pertenece a su cónyuge.

Las situaciones laborales que seguirán requiriendo un contacto con la compañera de la aventura necesitarán soluciones más creativas, pero sigue siendo posible eliminar el secretismo y la intimidad emocional. Sugerimos que todo contacto sea profesional (sin intercambios personales de ningún tipo). Si la compañera o el compañero hace preguntas, el infiel deberá tener una respuesta lista que él y su cónyuge hayan acordado, quizá algo como: "Me he dado cuenta de que no es apropiado hablar de mi vida personal contigo. Desde ahora en adelante sólo nos centraremos en asuntos relacionados con el trabajo". Fin de la conversación. Y siempre que haya contacto con la compañera o el compañero, el infiel tiene que contárselo a su cónyuge lo antes posible.

Lo fundamental es que la pareja se enfoque en su relación, y la pareja de la aventura ya no será capaz de volver a quitar energía de esa prioridad. Y la posibilidad de ofender a su cónyuge sobrepasa a la posibilidad de ofender a la pareja de la aventura. Cierto, si sigue nuestras sugerencias, la manera en que se ve reflejado a ojos de su compañero de aventura puede cambiar, pero eso es bueno. Mejor que le vean como un marido o mujer honorable que como un compañero o compañera atractivo.

La pregunta que aún queda es: ¿Pueden los hombres y las mujeres tener amigos del sexo opuesto? La respuesta en nuestra opinión es que sí, pero este es el factor determinante: ese amigo del sexo opuesto tiene que ser un amigo y respetar el matrimonio. La Dra. Shirley Glass dice: "Ellos no están compitiendo con el matrimonio y refuerzan el valor del matrimonio en general y el compromiso de sus amigos con ese matrimonio en particular".[3]

Nosotros tenemos amigos del sexo opuesto, pero la mayoría de nuestro tiempo con esos amigos lo pasamos en pareja, y no salimos a solas con un amigo del sexo opuesto. Nuestros amigos puede que no estén de acuerdo con las protecciones que hemos establecido, pero como amigos del matrimonio, no nos seducirán a ninguno de los dos a saltarnos esas protecciones.

Trabajar con su cónyuge para sanar el daño que una aventura amorosa emocional le ha causado a su matrimonio merece la pena todo el esfuerzo que requiere. Thomas Hardy, el autor y poeta, dijo: "El amor nuevo es el más brillante, y el amor largo es el más grande, pero el amor resucitado es lo más tierno que se conoce en la tierra".[4]

Estamos de acuerdo.

Los siguientes exámenes fueron desarrollados por la Dra. Shirley Glass. Hacer el examen y discutir los resultados con su cónyuge podría llevar a una conversación muy beneficiosa e interesante. ¡Sea honesto!

¿Se ha convertido su amistad en una aventura amorosa emocional?

1. ¿Le cuenta más a su amigo/a que a su cónyuge cómo le fue su día? Sí No

2. ¿Habla de sus sentimientos negativos o detalles íntimos de su matrimonio con su amigo/a pero no con su cónyuge? Sí No

3. ¿Es abierto con su cónyuge sobre hasta dónde llega su relación con su amigo/a? Sí No

4. ¿Se sentiría cómodo si su cónyuge oyera su conversación con su amiga/o? Sí No

5. ¿Se sentiría cómodo si su cónyuge viera un vídeo de sus reuniones? Sí No

6. ¿Es consciente de las tensiones sexuales en esta amistad? Sí No

7. ¿Se tocan su amigo/a y usted de forma distinta cuando están solos que cuando están delante de otros? Sí No

8. ¿Está enamorado de su amigo/a? Sí No

Clave de la puntuación:
Obtiene un punto por cada sí a las preguntas 1, 2, 6, 7, 8 y un punto por cada no a las preguntas 3, 4, 5.
Si obtuvo cerca de 0, es tan sólo una amistad. Si obtuvo 3 o más, puede que no sean "sólo amigos". Si obtuvo 7-8, definitivamente está metido en una aventura amorosa emocional.

¿Es su amistad en línea demasiado amigable?

¿Cuáles son las señales de aviso que usted (o su cónyuge) tienen en la escurridiza cuesta hacia una aventura amorosa en línea? Haga este examen de relación en línea y vea.

1. ¿Se va a la cama tarde por la noche porque está chateando en línea? Sí No

2. ¿Alguna vez se sale de una ventana porque no quiere que algún miembro de su familia vea lo que está leyendo o escribiendo en una sala de chat? Sí No

3. ¿Alguna vez le ha mentido a su cónyuge sobre sus actividades personales en Internet? Sí No

4. ¿Se sentiría incómodo compartiendo su correspondencia de Internet con su cónyuge? Sí No

5. ¿Alguna vez ha configurado una cuenta de correo separada o tarjeta de crédito para tener una correspondencia personal con un individuo en línea? Sí No

6. ¿Ha tenido alguna vez su correspondencia en Internet algún efecto negativo sobre su trabajo o sus tareas domésticas? Sí No

7. ¿Alguna vez ha mentido en respuesta a una pregunta de su cónyuge sobre su correspondencia por correo electrónico? Sí No

8. ¿Alguna vez ha intercambiado fotos suyas con alguien secreto por correo electrónico? Sí No

9. Desde que comenzó una correspondencia de correo electrónico secreta, ¿ha experimentado o bien una pérdida o un

aumento poco común en el deseo sexual por su cónyuge?
Sí No

10. ¿Ha hecho arreglos para hablar en secreto por teléfono
con alguien con quien se comunica por correo electrónico?
Sí No

11. ¿Ha hecho arreglos para reunirse con alguien con el que se
escribe en secreto por correo electrónico? Sí No

Clave de la puntuación:
Dos o más respuestas Sí a las preguntas 1, 2, 3, 4 indican que
se está desarrollando un posible romance por Internet. Es la
hora de compartir su correspondencia en línea con su pareja
o de romper la correspondencia y comenzar a examinar cómo
mejorar su matrimonio.

Responder Sí a cualquiera de las preguntas 5, 6, 7 indica que está cruzando la línea de una amistad por Internet a
un romance por Internet. Reconozca esta relación por lo que
está a punto de convertirse y pase a la acción para preservar
y mejorar su matrimonio.

Responder Sí a las preguntas 8 ó 9 indica que ha comenzado una relación romántica de fantasía con alguien en línea.
Aunque nunca pase a una etapa física, esta relación tiene un
potencial muy grande para dañar o destruir su matrimonio.

Responder Sí a las preguntas 10 u 11 indica que ha emprendido una acción positiva hacia iniciar una aventura
amorosa extramatrimonial. Considere el impacto que esto
tendrá sobre su matrimonio y sus hijos, y dé los pasos perti-
nentes para solucionar esto con un profesional.

13

Línea de tiempo de sanidad desde la perspectiva de una pareja

Sin embargo, les daré salud
y los curaré; los sanaré
y haré que disfruten de
abundante paz y seguridad.

Jeremías 33:6

Cuando se escribió por primera vez *Infidelidad,* reconocimos que la mayoría de nosotros queremos saber cuánto tiempo llevará este proceso de sanidad. Dijimos la verdad al decir que "la duración de su recuperación no se puede predeterminar (y probablemente ustedes dos estarán en diferentes calendarios de tiempo). Y de manera intencional evitamos dar ningún tipo de línea de tiempo porque no queríamos que nadie midiera su recuperación con un marco de tiempo y se preguntara qué impedía que encajaran en él.

Lo que hemos entendido desde entonces es que hay algunas ventajas en comprender el proceso desde una perspectiva del tiempo. En particular, cuando nos enfrentamos a un periodo difícil y podemos saber que es algo normal para otros que están en recuperación y que llevan más o menos el mismo tiempo que nosotros.

Cuanto más hemos trabajado con parejas y oído sus historias, más nos damos cuenta de que quienes entran en contacto con estas personas a menudo tienen una idea muy diferente del camino que la recuperación tomará de lo que la mayoría de las parejas experimentan. Eso sólo crea tensión para la pareja.

Además, como sociedad defendemos el arreglo instantáneo. Problemas serios se arreglan en unas horas, o como mucho, semanas. Y cuando no es el caso, a menudo se asume que es porque el problema es demasiado grande como para resolverlo o que alguien no está haciendo las cosas bien. Esta actitud anima muy poco a una pareja a perseverar a lo largo del enrevesado proceso de sanar de una infidelidad.

Así que hemos decidido compartir con usted una línea de tiempo para la recuperación. Antes de comenzar, debemos recordarle que la gente no encaja perfectamente en marcos o líneas de tiempo. Las relaciones y los individuos tienen demasiadas variables, como:

• Nuestras historias maritales individuales

• Una traición previa que experimentamos

• Sentimientos y comportamientos que son en respuesta a recuerdos, además de lo que está ocurriendo en la actualidad

• Destrezas para arreglar las cosas que están influenciadas por los que nos rodean

- Educación cultural que afecta a nuestras respuestas a la crisis en general y a la infidelidad
en particular

El punto es que no decimos que esto sea un absoluto, sino
más bien una guía. Entendiendo esto, echemos un vistazo
al comienzo del proceso en una línea de tiempo para una
recuperación. Refiérase a la tabla al final de este capítulo para resúmenes de estas fases y la línea de tiempo de la
recuperación.

Fase i: revelación

l proceso de recuperación del adulterio como pareja normalmente comienza con la revelación. La revelación es cuando
el infiel admite al cónyuge que ha tenido una relación ilícita,
o bien a través de una confesión o por ser descubierto de
manera innegable en una relación. Aunque un cónyuge haya
pasado varios días, semanas o meses sospechando antes de
que se haya confirmado la infidelidad, para efectos de esta
línea de tiempo la "revelación" comienza con la confirmación
o la admisión.

Lo más importante que debemos entender es que las
respuestas o *expresiones* a la revelación son arrolladoras y
temporales. (Esto no quiere decir que las emociones o sentimientos sean temporales, sino más bien la manera en que
se expresan.) Es algo impactante, un trauma, un evento tan
fuerte que muchos lo asemejan a la respuesta que una persona tendría ante la muerte de un ser querido.

Es un evento agobiante, como estar en medio del océano y ver que las olas nos golpean una tras otra. Como el
impacto y el trauma son tan severos, tiene sentido que la
persona tenga dificultad para pensar. No se puede centrar,

y la persona siente que se está moviendo a cámara lenta. A menudo le cuesta entender lo que se ha dicho en su totalidad, pero más adelante podrá repetir palabras o frases palabra por palabra. Y cualquier infiel que intente "decir de otro modo" una revelación se encontrará con reacciones extremas a cualquier cambio en la historia.

La respuesta emocional también es físicamente apabullante. Es esa imagen de alguien que literalmente ya no puede estar de pie. Hablaremos sobre cómo puede ser esa sorprendente respuesta en un momento.

El infiel ciertamente también está experimentando un trauma, pero es diferente de la experiencia del cónyuge en la revelación. Comúnmente, el infiel tiene casi un sentimiento de alivio. Una doble vida requiere mucho esfuerzo y energía, y la mayoría de los infieles están exhaustos. Así que, una vez que ha ocurrido la revelación, experimentan un poco de alivio. No es para nada extraño que un infiel duerma bien esa noche después de muchos días sin dormir, mientras que el cónyuge no es capaz de pegar ojo.

Después de que ese impacto emocional y trauma tan intensos hayan disminuido un poco, comienza el procesamiento de lo ocurrido. Quizá sienta que aún está en medio del océano, pero las olas se han calmado y es capaz de flotar verticalmente en el agua; aunque débilmente.

Para la línea de tiempo, el procesamiento comienza después que se haya revelado *todo*. Si el infiel confiesa o admite sólo verdades a medias, permitiendo que el cónyuge se crea que esa es la historia al completo, y luego después admite más cosas, la revelación se convierte en una serie de eventos en vez de algo de una sola vez. A esto lo llamaremos *revelación en serie*.

Cada pieza nueva de información, cada nueva admisión,

pondrá al cónyuge de nuevo en la revelación emocionalmente, y esto ocurre bien haya sido un día, una semana, un mes o un año. Así que, si hay algún consejo que pudiéramos ofrecer aquí a un infiel sería que *lo diga todo ahora*. Cualquier verdad que no se haya dicho que intente esconder, pensando que quizá nunca se sepa, es un arma puesta directamente a los pies de Satanás. Es como necesitar cuatro ruedas nuevas y comprar sólo tres para ahorrar dinero: no funciona. Es un área debilitada que no se irá y, de hecho, bajo las circunstancias correctas puede convertirse más en un peligro ahora que antes. Si su motivo es ahorrarle a su cónyuge más dolor, entonces diga toda la verdad desde el principio. Cada vez que su cónyuge es llevado a la revelación, aumenta su dolor, aumenta la dificultad de su proceso de sanidad y afectará severamente a la reconstrucción de la confianza.

Por tanto, en estos primeros días, cuando su cónyuge llegue y le pregunte si hay algo más, diga eso que falta, sea lo que sea, y no intente mentir más.

FASE 2: APROXIMADAMENTE DE 0 A 6 MESES DESPUÉS DE LA REVELACIÓN

La fase 2 comienza cuando empiezan a trabajar juntos como pareja: cuando exploran juntos lo que ocurrió y cómo ocurrió y comienzan a tratar los pensamientos y sentimientos que ambos están experimentando como resultado de la infidelidad. Esta fase puede comenzar inmediatamente después de la revelación o varios meses después de la revelación. ¿Por qué? Porque si esos primeros meses (o incluso más tiempo en algunos casos) se pasan intentando descubrir lo que quieren y lo que están dispuestos a hacer, la fase 2 aún no ha comenzado.

Muchas veces tenemos parejas que vienen a nosotros y nos dicen: "Ha pasado casi un año y no hemos progresado nada.

No creemos que podamos lograrlo". Entonces hablamos con ellos sobre lo que ha estado pasando y lo que no durante ese año. Admiten que iban por caminos separados durante un tiempo y que no pasaban mucho de ese tiempo trabajando juntos. Quizá el infiel dejó a su cónyuge y vivió con su compañera durante unas semanas o meses, y luego "entró en razón" y volvió listo para trabajar por primera vez. Quizá el cónyuge pidió una separación porque sencillamente "no podían hacer esto". Quizá ninguno de ellos pudo ni siquiera discutir lo que había ocurrido. Quizá haya habido una atmósfera de Guerra Fría con escaramuzas en las que se dijeron o hicieron muchas cosas dañinas en una zona de batalla que se creó entre ellos.

El procesamiento de la pareja comenzó para esta línea de tiempo cuando los dos caminos separados se juntan y comienzan a trabajar hacia un objetivo común: la sanidad del matrimonio juntos y discutir lo que ocurrió y cómo llegaron hasta ahí.

A menudo, cuando hemos podido compartir este concepto con una pareja, se olvidan de lo largo que ha sido desde la revelación y pueden conseguir lo que llamamos "una infusión de esperanza". Se dan cuenta de que aunque la revelación puede que se hiciera hace mucho tiempo, su procesamiento y trabajo en la sanidad del matrimonio son relativamente nuevos. Les podemos asegurar que hemos visto a Dios hacer cosas poderosas cuando ambos trabajan juntos sin importar cuándo empiecen a procesar.

La sanidad es una combinación de tiempo y trabajar juntos. Solamente tiempo puede disminuir la intensidad de las emociones, pero no hace nada por el trabajo. Francamente, el tiempo sin trabajo no sirve. Y, de hecho, puede llevar a un falso sentimiento de sanidad. Trabajar juntos puede ser productivo, pero se necesita tiempo para absorber lo que ha ocurrido y cómo se siente.

¿Puede una pareja estar separada y trabajar juntos en este objetivo común de sanidad del matrimonio? Creemos que sí, pero también pensamos que es más difícil sencillamente porque el tiempo que pasan juntos se reduce mucho. Esas oportunidades que se producen muy tarde por la noche o espontáneamente en medio de una actividad común y corriente es menos improbable que ocurran. Así pues, el tiempo de procesamiento ha de programarse, y ambos han de ser mucho más intencionales a la hora de hacer el trabajo de sanidad cuando están juntos.

¿Entonces es una mala idea separarse? No podríamos hacer una declaración general sobre un tema con tantas aristas enrevesadas. Creemos que hay veces en que la separación es válida. Ciertamente, si hay asuntos de seguridad para alguno de los dos; y tampoco es raro para algunos pedir tiempo a solas para comprender lo que ha ocurrido. El punto es que la separación añade otra dimensión al proceso de sanidad.

Veamos cómo son algunas de las respuestas más comunes a la revelación. De nuevo, no pretendemos ser terapeutas o expertos; sólo estamos compartiendo con usted lo que hemos observado con más frecuencia y que ha sido validado por las parejas con las que hemos trabajado. Estas respuestas comienzan con la revelación y continúan durante la fase 2.

Respuestas típicas del cónyuge

Sea cual sea la principal respuesta emocional a la revelación, tiende a ser algo temporal. Según avanza a la fase 2 y comienzan a trabajar juntos, verá que las respuestas emocionales oscilan de un tipo a otro. Eso es bastante común para la situación en que se encuentra. Muchas veces, especialmente durante estas dos primeras fases, lo que más agradecen las parejas es la seguridad de que probablemente no se están volviendo locos, sino que están respondiendo a un golpe y trauma muy profundo, y lo que están experimentando es normal para la situación anormal en la que se encuentran. La mayoría de nosotros estamos en territorio desconocido y realmente no entendemos lo que está ocurriendo. También encontramos que la esperanza durante este tiempo es algo difícil de conseguir.

Responder con enojo

El cónyuge que responde con enojo probablemente es la situación más común para nosotros, porque son los que están ahí gritando desde los tejados. Esta persona les cuenta a todos o insiste en que el infiel se lo diga a todos. No les preocupa quiénes lo sepan, y a menudo este cónyuge se aprovechará de cualquier oportunidad de expresar lo horrible que ha sido el infiel, incluso a sus hijos.

Lo que tenemos que entender es que tras este enojo alto y verbal hay una persona herida intentando sobrevivir. Una persona clamando por ayuda. Esto es autopreservación. De hecho, hay una respuesta fisiológica que hemos llamado "lucha o vuela". Esta es la respuesta del cuerpo ante una amenaza o un peligro que se percibe. Durante esta reacción ocurren ciertas cosas fisiológicas que le dan al cuerpo un estallido de energía y fortaleza. Además, hay otro componente de esta respuesta que reprime el dolor. [1] La persona cuya respuesta es el enojo están tan abrumada que no puede ver más allá de las toneladas de ladrillos que siguen cayendo y amenazando. Simplemente es demasiado.

Si esta fue su principal respuesta, puede que necesite volver más tarde con algunas personas y disculparse por lo que dijo o cómo lo dijo. Si es posible, les sugerimos que vayan juntos como pareja. Digan que están trabajando juntos para intentar sanar el daño hecho a su matrimonio y que los dos apreciarían su ayuda. Algunos querrán saber qué pueden hacer, así que denles ideas. Pueden orar, cuidar de sus hijos para que puedan tener tiempo a solas juntos para seguir procesando, pero sobre todo anímeles a unirse a ustedes como pareja en vez de hacerlo sólo con la persona que ha sido herida. El objetivo es sanar y reconstruir el matrimonio.

Lo que le animamos que no haga es evitar el tema. Como normal general, les sugerimos que con las personas con las que ha compartido su dolor, comparta también la misma cantidad del proceso de sanidad. Así pues, si fueron testigos de la destrucción inicial, déjenles ser testigos también de la reconstrucción. Si no, si con lo único que les han dejado ha sido con el dolor y las cosas feas, tendrán muy poco que ofrecerles para apoyarles, y eso no es justo para nadie. Lo mismo ocurre con sus hijos.

El pecado y el dolor afectan a todos los que tocan. El enojo es una respuesta normal y natural ante la traición; los problemas vienen en cómo expresamos ese enojo. El enojo nos dice que algo está mal, así que enfóquese en lo que puede hacer al respecto. Ya compartimos algunas sugerencias para procesar ese enojo en el capítulo 8.

Responder con temor

Al cónyuge que responde con temor normalmente no le vemos muy a menudo porque se esconde. Está intentado descubrir cómo puede hacer esto sin que nadie lo descubra, y normalmente no le sale demasiado bien. Se necesita mucha energía para hacer como si todo estuviera bien cuando por dentro se está muriendo, y le roba gran parte del apoyo. A menudo nos contacta gente que se siente completamente aislada porque nadie sabe lo que ha ocurrido.

Esta persona tendrá una capacidad limitada para seguir con todas las responsabilidades que tiene, así que se aparta de cosas que normalmente disfrutaba. La mayoría seguirá yendo a la iglesia, al menos durante algún tiempo, porque no quieren que nadie sospeche demasiado de que algo está mal. Le estrechará su mano, sonreirá y responderá: "Estoy bien. ¿Cómo está usted?", cuando le salude. Si se lo dicen a alguien, es a un grupito selecto y les habrá hecho jurar que guarden el secreto. Se sienten terriblemente solos porque en muchas maneras lo están. El mundo sigue su curso y los que están a su alrededor continúan con las actividades diarias mientras ellos sienten como si se estuvieran muriendo a trocitos. No ven la luz al final del túnel sino más bien un túnel que nunca termina.

Si este es su caso, ¿podemos animarle a ir con alguien que pueda ayudarle con esto? Los consejeros profesionales están atados por leyes de confidencialidad, y todos necesitamos buenos consejos para salir de esto. Cuanto más intentemos hacerlo solos, más difícil será. Si no tiene acceso a consejería localmente, existen algunos intensivos, lugares donde las parejas pueden ir para recibir consejería intensiva durante unos días. No se prive de la oportunidad de conseguir la ayuda que necesita ni permita que el temor y la vergüenza le mantengan aislado de recursos que puedan ayudarle a sanar.

Responder con dolor

El cónyuge que responde con dolor es lo que llamamos "el herido andante". Puede parecer que todo está bien desde lejos, pero apenas pueden con ello, y si mira de cerca, verá que está aturdido y confundido. Este es el lugar donde aterrizó Mona en la revelación, y estuvo entrando y saliendo de este estado durante gran parte de nuestra recuperación. Ella buscaba para encontrar a alguien que pudiera entender lo que estaba sintiendo, otra pareja que hubiera pasado por una recuperación de un adulterio y hubiera pasado este dolor. El dolor le incapacitaba, y temía que nunca se fuera a terminar.

Si tuviéramos que poner una placa en la puerta de la sala de reunión de los grupos de apoyo de Hope & Healing, sería: "¡Quiero recuperar mi vida!". Esas palabras salieron de puro dolor de muchas de las personas con las que hemos trabajado. Es tomar todo lo que tienen para poder funcionar y hacer lo que tienen que hacer, y nada parece ser de ayuda. A menudo les decimos a las parejas que piensen en ellos mismos como si les hubieran lesionado físicamente. Hay muchas cosas que no intentaríamos hacer si estuviéramos físicamente heridos. Nos daríamos algún tiempo para sanar y pediríamos a otros que hicieran durante un tiempo las cosas que nosotros no podríamos hacer. Permítase reconocer que ha habido una lesión. Enfóquese en lo necesario: comer bien, descansar, lo esencial de ser padres, lo esencial para ganarse la vida. Concédase permiso para tomarse un descanso y trabajar en la sanidad. Le puede parecer que nada le ayuda en estos momentos, pero aguante. La buena noticia es que puede soportar el dolor y volver a su vida a medida que progresa la sanidad.

Puede que haya notado que estos primeros tres (enojo, temor y dolor) son principalmente la reacción del cónyuge a la revelación. Hay una razón para ello. En su libro *Torn Asunder*, Dave Carder dice: "Si usted es el infiel...aunque estuviera en el asiento del conductor al iniciar la aventura amorosa, en esta etapa usted está en el asiento del acompañante".[2]

La idea es que gran parte del comportamiento del infiel será como *respuesta* a la reacción del cónyuge a la revelación. Creemos que si el infiel puede comprender lo que está pasando por la mente y el corazón del cónyuge, lo que hay detrás del comportamiento, tienen más oportunidades de responder de formas que beneficien al proceso de sanidad, ya sea que quieran salvar en este momento el matrimonio o que no.

Si tienen hijos, esta persona seguirá siendo parte de su

vida, y ambos necesitan sanar de esta herida para seguir y ser unos padres saludables. Incluso sin niños, ambos necesitan sanar, o los problemas que les llevaron hasta aquí les seguirán en futuras relaciones (junto con las heridas no sanadas), y seguirán teniendo la capacidad de causar daño.

Responder con gracia

Si como pareja han respondido con gracia, alabamos al Señor con ustedes. Su experiencia en la revelación les sorprendió a los dos mirando a Dios y casi con un milagro al entender lo que ocurrió. Están dispuestos a conseguir ayuda y sanar juntos. Para ser francos, les felicito, y los pastores desearían que cada pareja que viniera a ellos tuviera su misma experiencia. Están teniendo charlas íntimas y profundas como nunca antes las habían tenido. Se sienten cercanos el uno al otro, y de hecho las parejas a menudo dicen: "Esta es la relación por la que habíamos estado orando".

Sabemos que Dios hace cosas milagrosas, pero también sabemos que los daños de este nivel dejan heridas, y las heridas tienen que sanar. Ambos descubrirán esas heridas con el paso del tiempo y según empiecen a procesar, y la mayoría de las veces, el Señor nos permite experimentar la sanidad para que aprendamos del proceso.

Dios no malgasta el dolor, y este es un área en la que a menudo podemos ver una ganancia en el otro lado. Ninguno de nosotros somos los mismos que éramos antes de pasar por el proceso de sanidad para reconstruir nuestro matrimonio. Y para ser francos, nos alegramos. Nos gustamos más el uno al otro y a nosotros mismos. Aunque la situación de la recuperación del adulterio está impregnada de pecado, engaño y dolor, Dios puede y nos beneficia a cada uno de nosotros cuando seguimos su guía. Así que le aconsejamos que no pierda la oportunidad, y que se animen el uno al otro a pasar por el proceso.

La gracia inicial puede que se vaya, pero no se sorprendan cuando el enojo, temor y dolor vengan también a medida que camina por esta senda. No significa que algo vaya mal, sino que su corazón y su mente han sintonizado entre sí. El impacto inicial está comenzando a desaparecer y está comenzando el procesamiento. El mismo Dios que se sentó con ustedes en la revelación caminará con ustedes por estas emociones hasta el final de este viaje de sanidad y más allá.

Las cosas que ocurren en la revelación y en esos primeros meses de la recuperación tienen un efecto tremendo sobre nosotros como individuos. Hay algunas cosas que los que estamos pasando por esto nunca olvidaremos, pero queremos asegurarnos de que usted oye esto claramente. No importa lo que ocurra o no ocurra aquí en el principio, procesar lo que ha ocurrido es algo que tiene que ocurrir y la reconciliación sigue siendo posible.

Estos son tiempos extremos y a menudo tenemos respuestas intensas a lo que está ocurriendo, pero no se termina aquí. Dios hace parte de su mejor trabajo después de la experiencia de una cima y después de que hayamos sido rebeldes durante un tiempo. Así que, ya sea que usted y su cónyuge se hayan acercado o polarizado durante este tiempo, el final de su historia aún no está escrito. En la línea de tiempo hay aún muchas oportunidades para la esperanza, y la sanidad no cabe duda que es posible.

Estos primeros meses tras la revelación normalmente están llenos de muchas discusiones. Ya hemos compartido con usted cómo esas conversaciones pueden ayudar u obstaculizar el proceso cuando hablamos sobre el hablar en el capítulo 8. A menudo las parejas no están de acuerdo sobre los beneficios de estas discusiones, pero por un tiempo ambos reconocen la necesidad. Luego comienzan a experimentar algunas de las cosas que describiremos en la fase 3.

FASE 3: APROXIMADAMENTE DE 6 A 12 MESES DESPUÉS DE LA REVELACIÓN

Cuándo comienza esta fase depende de cuándo comenzaron a trabajar juntos y lo intenso que fue dicho trabajo. Se caracteriza por la debilidad, y cuando intenta ver el progreso que ha hecho, puede ser difícil visualizarlo desde su perspectiva.

Están construyendo algunas casas nuevas cerca de nosotros. Parece que no se terminará nunca el hecho de limpiar la tierra y prepararlo todo. Finalmente, comienzan a levantar las estructuras y pronto podemos ver cómo levantan las paredes. Pusieron los apuntalamientos y el tejado, y las cosas parecen ir deprisa en este momento: se ponen las ventanas, el aislamiento y las paredes exteriores van tomando forma. Después la cosas parece que se duermen. Hemos visto trabajadores pero no podemos ver ningún progreso en la casa. Fue durante este tiempo cuando el trabajo se estaba haciendo *dentro* de esas paredes recién construidas. No podíamos apreciar el progreso desde nuestra perspectiva.

Durante esta fase cansada de la recuperación, se produce una situación similar. Uno siente como si hubiera reconstruido una casa. Está cansado. Entendió la magnitud del daño.

Además, la vida ha comenzado a llamarles a los dos como participantes. Familia, trabajos y esas cosas esenciales que han estado intentando cubrir las semanas pasadas siguen llamándole por su nombre. Hace lo mejor que puede, y algunas parecen caerse. Puede dar una apariencia de estable y funcional, pero por la noche, cuando se acuesta, el cansancio actúa sobre cada palmo de su cuerpo. La sanidad de su relación no está terminada, y ambos son conscientes de este hecho.

Uno de los aspectos más importantes de la sanidad durante este tiempo es la reconstrucción de la confianza, lo cual requerirá que ambos trabajen juntos. Es un proceso lento, y también requerirá una honestidad transparente por parte de ambos. Y requerirá integridad, y una adherencia continua y sin reservas al proceso de sanidad.

La ironía es que a menudo es aquí cuando nuestro apoyo comienza a desaparecer. El tiempo entre las sesiones de consejería se espacia si el consejero cree que van bien o si su cuenta de banco comienza a bajar. Los que les han apoyado, si anotó desde el principio a los que les apoyaron, también se comenzarán a cansar. Los que ven que alguien a quien quieren pasa por un tiempo doloroso, también experimentan ellos mismos el dolor, y si los que les apoyan no están informados de la recuperación del adulterio y la profundidad del proceso de sanidad, puede que comience a oír algunos mensajes diferentes:

"Miren, han estado trabajando en este matrimonio diligentemente durante (rellene el espacio en blanco). He visto lo duro que tú y (inserte el nombre del cónyuge) han trabajado, y he visto cómo Dios trabaja en los dos. Quizá es tiempo de soltarlo, de aceptar la sanidad de Dios y seguir adelante. No hay nada más que ninguno de los dos pueda hacer, y si siguen obsesionados con esto, puede que las cosas empeoren".

O: "Han hecho lo posible por intentar sanar este matrimonio. Dios permite el divorcio por adulterio y quizá sea esta la razón. Quizá es que es demasiado duro. Se merecen un poco de felicidad, y no puedo aguantar verlos sufrir más".

Estas palabras tienen que ver más con lo que quiere el que

las pronuncia que con ustedes. La recuperación del adulterio
es dura pero no *demasiado* dura, y el plan de Dios para el
matrimonio (un hombre, una mujer de por vida) no cambia
por este pecado. Tampoco cambia su plan para ustedes como
sus hijos. Están cansados porque han trabajado mucho, pero
esto es algo normal teniendo en cuenta por todo lo que están
pasando.

Hay dos tentaciones comunes en este momento. Todos los
que estamos en recuperación del adulterio queremos que se
termine el proceso; queremos recuperar nuestras vidas. Para
llegar ahí, usted *debe* caminar por todo el proceso, no dejarlo
a mitad. Si abandona, sólo lo alarga, o peor aún, detiene todo
el proceso y no sana completamente. Después, cuando usted
o su matrimonio vuelven a estar bajo estrés, esas áreas de
sanidad incompleta serán áreas debilitadas y vulnerables. No
merece la pena correr el riesgo de abandonar.

La segunda tentación es simplemente tirar la toalla. Perder
la esperanza que tenía de sanar y renunciar al matrimonio
que tiene como está ahora. Si no va derecho al juzgado para
divorciarse, puede que consiga quitárselo de encima por un
tiempo. Después comenzará a pesar de nuevo sobre usted,
verá que comienza a caer en picado y correrá el riesgo de
caer en la amargura o encontrar otra manera de lidiar con su
infelicidad.

Queremos que sepa que hay otra opción, y esa opción es
sanar. La sanidad lleva tiempo. El objetivo es un matrimonio
saludable que ambos puedan cuidar y que honre a Dios. No
pierda la oportunidad. Persevere. Haga el trabajo duro. Vale
la pena.

FASE 4: APROXIMADAMENTE DE 1 A 2 AÑOS DESPUÉS DE LA REVELACIÓN

Las subidas y bajadas emocionales continuarán produciéndose, pero notará una disminución en su frecuencia, intensidad y duración. Animamos a las parejas a mantener sus ojos en sanar, a mantener el objetivo de un matrimonio saludable en mente. Aún seguirán procesando, pero será de forma más intermitente.

Luego llegan los "detonantes".

Lo que ocurre durante la fase 4 es muy parecido a lo que ocurre cuando se produce una muerte. Las fechas y los aniversarios cobran un nuevo sentido y evocan las emociones. En un proceso de dolor, estos recordatorios a menudo se llaman "reacciones de aniversarios".[3] Y las reacciones que experimente puede que le parezcan de manera sorprendente como las emociones durante la fase 2 del proceso de sanidad. Llamaremos a estos recordatorios *detonantes*.

Cuando un matrimonio experimenta una infidelidad, la vida a menudo se rompe en tres partes: la época antes de la aventura amorosa, el tiempo durante la aventura amorosa y el tiempo desde que terminó la aventura amorosa. Los cónyuges son incluso más conscientes de estas designaciones y sienten la necesidad de reevaluar todo lo que ocurrió durante cada parte. Mona se preguntaba si algo de lo que ocurrió antes de la aventura amorosa fue verdadero y honorable. Obviamente, durante la aventura amorosa nada fue verdadero u honorable, al menos desde su perspectiva. Después de la aventura amorosa simplemente fue una locura.

Algunos cónyuges irán recorriendo su casa eliminando todo lo que les recuerde al tiempo de la aventura amorosa. Animamos a los cónyuges que sientan que deben eliminar esos recordatorios a que los guarden en cajas y los almacenen en algún lugar seguro. No destruya nada hasta que pueda volver a pensar con claridad. Si aún siente que debe destruirlo después de uno o dos años, destrúyalo, pero si cambiara de opinión sobre cualquiera de su contenido, así tendrá la opción de hacerlo.

La fase 4 a menudo marca la llegada de detonantes inesperados; *inesperados* porque usted pensaba que ya había tratado esas cosas. Entonces ve algo, oye algo, huele algo, lee las noticias, ve un programa de televisión, cualquier actividad trivial y, de repente, se llena de emociones que le hacen sentir como si estuviera volviendo a vivir esas respuestas iniciales de nuevo.

Luego están los momentos obvios: la fecha del día de la revelación, su cumpleaños, un día festivo, fechas significativas que le recuerdan dónde estaba el año pasado ese mismo día. No hay forma de evitar esto, así que le animamos a reconocer el elefante en la sala. Sáquelo, hable de ello, llore si lo necesita. El tiempo hará que disminuya la intensidad de la tristeza y las emociones, pero tenerlos es normal. No deje que el Enemigo le mienta y le diga que no se está sanando si responde mal a un detonante.

Una de nuestras parejas decidió manejar el aniversario de la revelación creando una nueva memoria. Programaron una ceremonia de rededicación. Fue algo pequeño e incluía sólo a su pastor, su consejero y facilitadores de Hope & Healing, pero fue muy significativo, y desde ahora, si se sienten tristes en esa fecha, también pueden experimentar gozo al recordar un momento especial y privado.

La confianza se sigue reconstruyendo durante este tiempo. Es frágil y aún se debe tratar con cuidado. Se necesita tiempo para madurar y que se sienta algo sólido. También es durante este tiempo cuando la vida parece que se siente como si se hubiera vuelto a la normalidad. Eso puede ser desestabilizador, especialmente para el cónyuge. Tras muchos meses de tiempo intensivo juntos puede parecer como si se hubiera producido cierta distancia entre ambos. Eso mismo puede producir ansiedad, porque sentirse distanciados el uno del otro a menudo es una pista de que algo va mal.

Ninguno de los dos sabe cómo es la normalidad para ustedes como pareja ahora. ¿Cuándo saben que necesitan intervenir en algo? ¿Qué estará bien desatender o pasar por alto? Mantener todas estas preguntas expuestas a la luz, discutirlas cuando salgan y expresar sus sentimientos y lo que los produjo les capacitará a ambos para comenzar a entender y sentirse cómodos con su "nueva normalidad".

Este es un buen momento para desarrollar nuevos hábitos juntos. Nuestros cofundadores descubrieron que les gustaba cocinar juntos. Tomaron clases, experimentaron con recetas. Otras parejas han adoptado una nueva afición o deporte. Lo que hagan no es tan importante como que lo hagan juntos. Divertirse juntos es también parte de un matrimonio saludable.

Les animamos a no descartar aquí su apoyo. Aún llegarán momentos difíciles, especialmente cuando surjan los detonantes. Este es un buen momento para seguir creciendo juntos espiritualmente. Leer algunos de los libros que les recomendamos o tomar clases con otras parejas puede serles de mucha ayuda, y a menudo los dos estarán listos para dar pasos intencionales hacia nutrir su relación.

¿Cuándo se termina la fase 4? ¿Cuándo termina este proceso de sanidad? La respuesta es realmente simple. Se termina cuando ambos digan que se ha terminado y ni un minuto antes, y la verdad es que a menudo no está claro cuándo ocurre eso, sólo que retrospectivamente ya ocurrió.

Haga el trabajo. Pueden tener amor. Pueden tener respeto.
Pueden tener confianza. Lo hemos oído una y otra vez de
la boca de parejas con las que hemos tenido la bendición de
poder trabajar. Tras el duro trabajo de la recuperación, ahora
disfrutan de un nivel de intimidad que nunca habían soñado
que pudieran volver a tener cuando comenzaron el proceso.
Disfrute el progreso que han conseguido; esta es una inver-
sión que puede durar y crecer durante toda la vida.

LINEA DE TIEMPO DE LA
RECUPERACIÓN DEL ADULTERIO
Desde la perspectiva de la pareja

COMIENZO DEL PROCESO	
FASE 1	**FASE 2**
REVELACIÓN (puede ser en serie)	0-6 MESES (el tiempo varía)
APLASTANTE y TEMPORAL	VACILACIÓN ENTRE RESPUESTAS
Impacto, trauma, parecido a una defunción A menudo vuelve aquí tras la "revelación en serie" Dificultad para pensar	Ambos trabajan juntos Se termina la revelación Comienza el trabajo duro
PRIMERAS RESPUESTAS	*COMIENZA EL PROCESAMIENTO*
Enojo Contárselo a todo el mundo (gritarlo desde los tejados) Desprestigiar al infiel Autopreservación	**Enojo** "Luchar o volar" (supervivencia) Clamar pidiendo ayuda Demasiado, no puedo, no lo haré
Temor Esconderse, retirarse de las actividades normales "Sonreír" en la iglesia Unos pocos juran guardar el secreto	**Temor** Aterrado de no poder sanar (sin esperanza) Mucha vergüenza Nadie lo sabe (se siente solo)
Dolor Caminar herido Aturdido y confuso Apunta a unos pocos como apoyo	**Dolor** Depresión ("quiero recuperar mi vida") Apenas puede funcionar Nada parece ser de ayuda
Gracia Frente unido "Han visto la luz" Dispuesto a sanar y conseguir ayuda Buena apariencia pero aún no comienza a procesar	**Gracia** Charlas íntimas y profundas Las emociones (enojo, temor, dolor) se manifestarán Comienza a entender el trabajo de procesar

LINEA DE TIEMPO DE LA
RECUPERACIÓN DEL ADULTERIO
Desde la perspectiva de la pareja

CONTINUACIÓN DEL PROCESO	
FASE 3	**FASE 4**
6-12 MESES (el tiempo varía)	1-2 AÑOS
DEBILIDAD	MANTENER SUS OJOS EN LA SANIDAD
El trabajo duro continúa Es difícil ver el progreso	Seguir trabajando Siguen los altibajos pero en disminución
PROCESAMIENTO CONTINUO	*PROCESAMIENTO INTERMITENTE*
Viaje en la montaña rusa vs. vida real Consciente de la magnitud del daño Agotado Puede parecer estable y funcional	**Detonantes** Antes, durante, después Fechas del calendario/aniversarios Pensamientos involuntarios
El apoyo al final empieza a desaparecer Los que apoyan también se cansan Mensajes mezclados: "supéralo" vs. "demasiado duro" La consejería puede terminar o disminuir	**Redefinir el matrimonio** "Normal" puede parecer aterrador Reconstruir la confianza es algo frágil Acuerden las nuevas reglas (protecciones)
Tentación Dejar de trabajar ("volver a la antigua normalidad") Parar el proceso de sanidad y sanidad incompleta Abandonar (perder la esperanza, detener el proceso de sanidad y caída en espiral)	**Desarrollar juntos** Nuevos hábitos Cómo lidiar con futuros asuntos Recursos y apoyo continuo
Reconstruir la confianza Honestidad transparente Proceso lento (responsabilidad sobre el infiel, dar tiempo al cónyuge)	**¿Cuándo se acaba el proceso?** Cuando ambos digan que se acabó Disfrute el progreso

Epílogo
Una carta personal de Gary para usted

Querido lector:

Acabo de terminar mi tiempo de quietud. Hoy mi tiempo devocional se ha centrado en dar a los necesitados. El versículo era Mateo 25:32, donde Jesús divide a las ovejas y a las cabras: "Todas las naciones se reunirán delante de él, y él separará a unos de otros, como separa el pastor las ovejas de las cabras".

Todas las naciones serán reunidas ante Jesús cuando se siente en su trono en la gloria celestial. Luego llegará la gran división. Los de su derecha, benditos de su Padre, serán reunidos para tomar su herencia: el reino preparado para ellos desde la creación del mundo. Porque cuando Él estuvo hambriento, ellos le dieron algo de comer. Cuando estuvo sediento, cuando fue extranjero, cuando necesitó ropa, cuando estaba enfermo, cuando estaba en prisión, ellos estaban ahí, supliendo sus necesidades. Los de la derecha de Jesús estaban ahí para ayudar y consolar a esos hermanos (y hermanas) suyos.

¿Pero qué hay de los de su izquierda? Las cabras. Me las imagino ahí de pie con un aspecto de desconcierto en sus rostros. "¿Cuándo estabas ahí Señor? ¿Cuándo viniste a nosotros hambriento, sediento, extranjero, desnudo, enfermo o en prisión? ¿Cuándo, Señor?". La respuesta de Jesús atraviesa mi corazón tanto hoy como lo hizo la primera vez que lo leí hace muchos años. "Él les responderá: 'Les aseguro que todo lo que no hicieron por el más pequeño de mis hermanos, tampoco lo hicieron por mí'" (versículo 45).

Recuerdo los primeros días de nuestra recuperación. Mona literalmente estaba gritando por alguien que lo hubiera logrado, alguien que pudiera sentarse con ella y hablar y con quien identificarse, alguien que pudiera decirle honestamente que esta tarea de sanidad que parecía imposible se podía hacer. Recuerdo estar sentado en la oscuridad, abrazándola, intentando asegurarle que todo saldría bien, ¿pero cómo podía saberlo? Yo también necesitaba a alguien con experiencia con quien hablar. Nuestro consejero cristiano fue magnífico, pero él cobraba por ayudarnos. Yo necesitaba a Pablo para ayudar a este Timoteo a pasar por los momentos verdaderamente difíciles; alguien que ya lo hubiera sufrido antes que yo, alguien que pudiera decir: "lo sé", ¡porque realmente lo supiera!

No me malentienda. Dios era verdaderamente el centro de nuestro enfoque, pero alguien con piel era una gran necesidad tanto para Mona como para mí en ese tiempo oscuro y solitario. La cruda verdad era que no encontrábamos a nadie.

Esta es la razón por la cual me sentí impulsado a escribir esta carta para usted. Si escucha algo a través de las páginas de este libro, quiero que sea esto: ¡Estamos aquí para ayudarle!

Si tuviera que quitar algo de este proceso de recuperación del adulterio, sería la acuciante necesidad de que gente como usted y como yo tenga personas en el Señor cerca en las que apoyarse. Jesús con piel, si quiere verlo así. ¿Y por qué no? Alcohólicos, drogadictos (diga usted el problema) tienen un grupo de apoyo de algún tipo. Así pues, ¿por qué no está apoyando el cuerpo de Cristo a los que se están recuperando de un pecado tan oscuro y feo? Quizá ese es el punto. Creo que la iglesia quiere aparentar que no existe, para que nosotros también lo creamos.

El amor marital es un cuadro tangible de la relación que Dios quiere con cada uno de nosotros, el "gran romance". Darnos cuenta de que hemos pervertido la intimidad más pura que Dios provee en esta tierra es comenzar a entender la profundidad del dolor que hemos causado al Señor y a nosotros mismos. He oído decir que el pecado sexual es una violación del Espíritu Santo, que vive en cada creyente. La mayoría de nosotros no queremos creer que somos capaces de hacer una cosa así. Pues bien, sí lo somos; ocurre, y Satanás está ahí, totalmente armado para persuadirnos de que no hay esperanza para este pecado en particular.

Pero Dios también está ahí, y puede sanar incluso esto. Debemos apoyar a hermanos y hermanas que están en un lío tan horrible y doloroso.

Recuerdo demasiado bien la vez en que nuestro consejero cristiano nos preguntó si nos acordábamos al principio lo mucho que necesitábamos otra pareja con la que hablar. Los dos asentimos enfáticamente, y luego nos preguntó: "¿Están ustedes listos para ser esa pareja para otros?". Vaya, esa pregunta nos dejó petrificados. Ser esa pareja para otros significaba admitir que también habíamos estado ahí, significaba descorrer las cortinas de privacidad que teníamos puestas para proteger lo que habíamos salvado, significaba volver a abrir algunas de nuestras heridas, y nos daba miedo lo que eso pudiera significar para nosotros. Pero tras largas horas de discusión y oración, Mona y yo llegamos a esta conclusión: No, realmente no queremos hacer esto, pero si es la voluntad de Dios, entonces estaremos ahí para la gente en

necesidad que Él ponga en nuestro camino. Estaremos ahí
para dar su mensaje que dice: "Sí, ¡se pueden sanar!". Estaremos ahí para mostrar un camino a la esperanza y sanidad
que vienen a través de Jesucristo cuando usted lo deja todo a
sus pies y le permite que le guíe durante el proceso.

Por supuesto, esto no es factible para la mayoría de ustedes en este momento, ya que están demasiado frescos en este
proceso, pero más adelante, cuando el Señor se lo muestre,
hágame un favor, ¿lo hará? Piensen en ser esa pareja para
alguien más. Es muy importante dejar que Dios use lo que
nos ha dado a través de ayudar a otros. Piense cómo se siente
ahora; considérelo cuando se presente la oportunidad. Trabaje
diligentemente ahora para que, si Él le llama, esté preparado.
Tendrá algo que ofrecer a sus hijos.

Cuando el mundo le quiera hacer creer que no hay esperanza, que su matrimonio nunca podrá conseguirlo, oiga la
voz audible de Dios. Cuando sus amigos cristianos le acon-
sejen que lo deje ("después de todo, es adulterio, y la Biblia
da permiso"), añada a ese consejo todo el contexto de la Biblia, porque realmente Dios odia el divorcio. Quédese con
el Señor y su cónyuge; pelee la buena batalla. Mona y yo lo
conseguimos, y creo que usted también puede.

Puedo decir honestamente, mientras veo en la pantalla de
mi ordenador portátil a mi mujer de más de treinta años,
que la amo más hoy que nunca. Hemos compartido nuestra historia para ilustrar la realidad del viaje y la realidad de
que se puede terminar. Estamos completamente sanados, y
de nuevo tenemos amor y confianza en nuestro matrimonio.
Nuestro viaje como marido y mujer no se ha terminado, y no
quedó irrevocablemente arruinado por este pecado. Dios les
ofrece a usted y su esposa la misma oportunidad.

Dios nos ayuda en la adversidad para hacer de nosotros

la gente que Él quiere que seamos, pero debemos poner de nuestra parte, y eso es obedecer. Sea obediente a su guía, y deje que Él haga el resto. Dios le dará la sabiduría y la fuerza para terminar su viaje.

Que Dios le bendiga y le guarde.

Gary.

♥

Puede contactar con Gary y Mona en www.HopeAndHealing.us.

Apéndice

INFORMACIÓN PARA AYUDARLE EN SU VIAJE

Comenzar en el camino de la recuperación del adulterio es un viaje desconocido para la mayoría de nosotros. Aunque por alguna razón hubiéramos encontrado infidelidad previamente, cada situación es un viaje nuevo y diferente. Si no conocemos a otros que hayan pasado por ello, es probable que no lo lograran y se divorciaran, o que siguieran juntos pero todos saben que ambos son infelices. Aunque oímos de los pastores y consejeros de parejas que se han sanado, muy pocos nos los encontramos cara a cara, por eso existe nuestro ministerio Hope & Healing. Ahora conocemos a muchas parejas que han sido sanadas y están muy contentas de haberlo hecho.

¿Es el adulterio algo muy común?

Puede encontrar estadísticas que confirman que del 10 al 80 por ciento de las parejas experimentarán la infidelidad. Es un rango muy elevado. ¿Por qué no podemos obtener un número definitivo?

La razón fácil puede tener que ver con asuntos sobre definir qué es adulterio en primer lugar. También las encuestas a veces no son precisas porque los participantes son voluntarios y no representantes precisos de la gente en general. Además, un estudio comparativo publicado en la revista *Journal of Family Psychology* mostraba diferencias significativas entre respuestas entrevistadas y cuestionarios anónimos por ordenador de del mismo ejemplo.[1] Los mismos participantes reportaron una incidencia más elevada de infidelidad en los cuestionarios anónimos por ordenador que la que hicieron en las entrevistas.

Tras mirar muchos estudios y oír a muchos expertos, usamos el 25 por ciento. Esa parece ser la estadística más baja más comúnmente aceptada. Muchos expertos citan el doble de esto, pero preferimos equivocarnos a la baja que ser acusados de inflar los números.

Eso significa que el 25 por ciento de las parejas o bien han experimentado, están pasando actualmente, o experimentarán infidelidad en su matrimonio. Una de cada cuatro.

Considere lo que eso sería en el servicio o en la clase de su iglesia. Son muchos asientos. Significa que usted no es el único que está pasando por esto, aunque pueda parecerle que lo es. Tristemente, al igual que las estadísticas de divorcios, los números no parecen ser menores en los cristianos que en los no cristianos.

¿Cómo empezamos?

Nos han hecho esta pregunta miles de veces en nuestros encuentros con parejas que aún se están tambaleando por la revelación del adulterio.

Quizá usted esté ahí ahora mismo también, intentando comprender lo que ha ocurrido en su vida. Escúchenos decir bien alto: *no están solos*. Hay esperanza, hay ayuda.

Comenzar requiere sólo dos cosas: *acordar intentarlo* y *ser honestos*.

Acuerden intentarlo

¿Puede ponerse de acuerdo en intentar reconstruir su matrimonio? ¿Y su cónyuge? Y si la única razón por la que uno o ambos están dispuestos a intentarlo es porque tienen hijos, nosotros decimos amén y aleluya. Esos niños son razón más que suficiente, así que simplemente es desear ser obedientes a Dios.

Si su cónyuge no está dispuesto o dispuesta a intentarlo en este momento, sólo podemos animarle a dejar la puerta abierta a la reconciliación. Hemos visto a Dios ablandar algunos de los corazones más duros. Use este tiempo a solas para enfocarse en volver a estar saludable usted mismo. El daño que ha sostenido requiere sanar también a nivel personal

¿Qué significa intentarlo? Significa reconocer que va a llevar tiempo y energía, y que entender la sanidad es un proceso lento. Enfóquese en sobrevivir cada minuto porque a veces eso es lo único que podrá hacer. Vea esto como si hubiera estado en un terrible accidente en el que ha resultado herido y necesita tiempo para curarse. No puede, ni debería, hacer "lo habitual", sino más bien centrarse en las cosas esenciales de la vida: cuidar de los niños lo mejor que pueda; hacer lo que sea necesario para obtener su sueldo, pero dé prioridad a este proceso de sanidad.

Sea honesto

El segundo requisito es ser honesto con lo que se dicen el uno al otro. No importa el daño que tema por ser honesto, no es nada comparado con el daño que causarán más tarde más mentiras o engaños. Si pudiéramos ofrecer sólo un consejo al infiel, sería decir ahora *toda* la verdad. Las consecuencias que cree que puede evitar reteniendo parte de la verdad son normalmente peores cuando más adelante sale la verdad. La ventaja de que el infiel sea transparentemente honesto desde el principio es la gran cantidad de trabajo preliminar que se lleva a cabo para ayudar a reconstruir la confianza, trabajo preliminar que no será destruido por la revelación de otro engaño.

Honestidad transparente no es sólo un consejo para el infiel. El cónyuge también tiene que ser transparentemente honesto. A menudo, el cónyuge asume que el infiel sabe lo que está pensando y sintiendo, especialmente porque las emociones son tan arrolladoras y fuertes.

Recordamos a una pareja sentada en nuestro sofá, buscando algo de ayuda para su viaje. La esposa comenzó a decirnos que no creía que su marido quisiera trabajar en el matrimonio. Él miró sorprendido y dijo: "Te dije que quiero trabajar en él". Ella después repitió que él la evitaba por la noche, y él dijo: "No quieres nada conmigo. Te vas a la habitación y cierras la puerta. Pensé que querías estar sola y estaba intentando darte algo de tiempo".

Lo que parece enojo o rechazo puede ser temor o dolor. Reacciones que tienen sentido para uno puede que no tengan ningún sentido para otro. Las palabras "Estoy dolido" o "Tengo miedo" se pueden entender mucho mejor que ponerse a llorar y salir corriendo de la habitación.

No suponga nada durante este tiempo. La capacidad de una persona para discernir puede estar definitivamente afectada por un estrés severo. No piense que su cónyuge sabe lo que usted está pensando o sintiendo si aún no lo ha verbalizado.

Si ambos caminan en verdad, el trabajo que haga tendrá un cimiento. Ahórrese sus energías para enfocarse en obedecer las instrucciones de Dios de hablar de forma sincera, amable, a tiempo y en amor.

¿Qué hacemos?

Nuevamente, enfóquese en lo esencial de la vida. Necesita nutrir su cuerpo. Muchos grupos de Hope & Healing hablan de la eficacia de la "dieta del adulterio". Nadie está particularmente hambriento, mucho menos que le apetezca cocinar. Independientemente de tener o no apetito, intente consumir las calorías adecuadas que sean nutritivas. Todos podemos vivir con menos durante unos días, pero debemos mantener nuestra fortaleza física para poder funcionar.

Lo mismo ocurre con el descanso. Muchos tienen problemas para dormir, lo cual es perfectamente entendible. A su vez, la falta de sueño definitivamente merma nuestra capacidad de funcionar y lidiar con la vida. Las emociones y las percepciones también resultan afectadas. Estudios científicos sobre conductores con falta de sueño demuestran que la privación de sueño afecta al tiempo de reacción y al desarrollo de la conducción tanto como el alcohol. Simplemente no funcionamos bien con poco sueño.

Por tanto, si su objetivo es sanar y trabajar en su infidelidad todo lo eficazmente que pueda, dormir deber ser uno de los factores que debe considerar importantes. No dude en buscar ayuda médica si esto fuera un problema para usted.

Consiga la ayuda adecuada

Consiga algo de ayuda. El adulterio es algo tremendo y todos necesitamos ayuda de otros para superarlo.

Le animamos a aprender sobre la recuperación del adulterio para que le ayude a tomar mejores decisiones que puedan afectar significativamente a la sanidad. ¿Qué es lo que tienen que decir la mayoría de los expertos? ¿Qué es lo comúnmente aceptado como la mejor forma de sanar? Ninguno dudaríamos ni un segundo en buscar a especialistas si nos diagnosticaran cáncer. Hay algunos buenos recursos en el mercado, y encontrará los que creemos que son de más utilidad en nuestra página Web: www.HopeAndHealing. us.

Animamos la consejería profesional cristiana. Un buen entorno de consejería es uno donde los dos sientan que están siendo escuchados y que el consejero es fiable, pero hemos de entender que los consejeros pueden diferir en su enfoque ante una pareja que está experimentando infidelidad. La Dra. Shirley Glass realizó una encuesta de terapeutas en trece conferencias con relación a sus creencias sobre el significado y el tratamiento de la infidelidad. Los resultados mostraron que hay muy poco consenso entre terapeutas sobre por qué ocurre la infidelidad y cómo debería tratarse a las parejas.[2]

Esto es, cuanto menos, algo que nos confunde y va en detrimento para todos, y por eso pensamos que es importante que usted se informe. El resumen es que cualquier cosa que haga para ayuda al proceso de sanidad debe funcionar para los dos. Si funciona para los dos y es bíblico, legal, moral y ético, nosotros le recomendamos que lo haga. Si no funciona para los dos, entonces busque otro que sí funcione. A menudo se puede encontrar otra solución con la ayuda de su consejero. Explíquele lo que están haciendo actualmente que no está funcionando para ustedes y exploren opciones, y si se ha informado, tendrá más información que compartir con los que vengan a su lado.

¿Qué les decimos a los niños, nuestros amigos y familiares?

Cometeríamos un error si ofreciéramos una respuesta para todas las situaciones. De lo que sí les pondremos sobre aviso es que los que tiene más cerca de usted sabrán que algo pasa. La verdad es que, independientemente de lo bien que crea que puede esconderlo de ellos, sentirán la corriente submarina, y la mayoría de nosotros no tenemos la capacidad de fingir que todo está bien cuando estamos experimentando este tipo de trauma.

Lo que comparta estará grandemente influenciado por los eventos de la revelación. El que la revelación sea una explosión pública o una explosión privada determina lo extensa que deberá ser su explicación. Puede que sea tan simple como: "Tenemos algunos problemas y vamos a trabajar juntos para resolverlos", pero si los niños escuchan algunas cosas que preferiría que no hubieran escuchado o si existe la posibilidad de que otra persona dé más detalles, le sugerimos que ustedes sean los que den la explicación. Para los niños, adáptelo a sus edades. Siéntense todos juntos y asegúrenles que lo que está pasando no tiene nada que ver con lo que ellos hicieron o no hicieron, y que su plan es seguir siendo una familia.

Lo mismo ocurre con los familiares y amigos cercanos. Hay algunas personas que merecen oír de ustedes lo que ha pasado y no de otras personas, pero son ustedes quien puede determinar eso.

Escoger qué decir y cómo decirlo debería ser una conversación privada entre ustedes dos antes de reunirse con nadie. Decidan qué palabras van a usar. Ninguno de los dos debería usar una palabra que pudiera ofender a su cónyuge y causar que la conversación fuera por otros derroteros. Intente hacerlo simple pero verídico. Cuanto más comparta de la historia, más dolor revelará, y más proceso de sanidad necesitará compartir luego con ellos.

¿Cómo es de importante el adulterio para un matrimonio?

Probablemente todos estamos de acuerdo en que el adulterio es un gran problema y una herida profunda en la integridad del matrimonio. De hecho, algunos dicen que es demasiado grande y que los matrimonios no pueden sanarse de una traición semejante. Nosotros tenemos una opinión mejor porque hemos visto lo que Dios puede hacer para sanar un matrimonio cuando ambos están dispuestos a trabajar juntos. Sin embargo, creemos que es importante entender la profundidad de la herida y la sanidad que requiere.

Según los terapeutas que tratan a las parejas, la infidelidad es el segundo problema relacional más difícil, superado sólo por la violencia doméstica.[3] Sin lugar a dudas, es una herida muy profunda. De hecho, la revelación del adulterio puede ser tan traumática que a menudo está seguida de síntomas de PTSD (trastorno de estrés postraumático).

El Centro Nacional para PTSD describe cuatro tipos de síntomas: volver a vivir el evento; evitar situaciones que le recuerdan el evento; sentirse entumecido o sin interés por las actividades que solía disfrutar; y sentirse nervioso, siempre alerta y en busca del peligro.[4] Cuando estos síntomas se prolongan por más de un mes se trata bajo el diagnóstico de PTSD.

Desgraciadamente, también describen a la mayoría de los cónyuges después de la revelación. Cuando pensamos en PTSD, a menudo lo que viene a la mente son soldados que han sido enviados a la guerra, o los que estaban en Nueva York o el Pentágono el 11 de septiembre de 2001. Piense en ello: nunca les diríamos a los soldados o las víctimas del 11S que perdonaran, olvidaran y siguieran adelante. Sin embargo, a menudo eso es lo que se le dice al cónyuge de un infiel, que también es una víctima de un trauma significativo. Los traumas de esta magnitud tardan tiempo en sanar, y los que los experimentan necesitan el permiso de tomarse ese tiempo.

Animamos a las parejas a considerar el adulterio como algo

comparable a una defunción. Mucho de lo que experimentan incluirá un proceso de duelo. Necesitan gracia y tiempo para sanar. Muchas parejas han compartido con nosotros cosas que les han dicho como: "El adulterio ha sido confesado y detenido. Ahora tiene que seguir adelante; disfrute la vida y deje de obsesionarse". Estos comentarios vienen no sólo de su cónyuge, sino también de su pastor, familiares y amigos. Lo que hemos visto cuando se apresura a alguien en este proceso es que, de hecho, termina prolongando su sanidad.

¿Cuánto dura?

Leerá una y otra vez que la "sanidad lleva tiempo". Todos queremos saber cuánto tiempo es. Nos hemos sentado con muchas parejas cansadas del esfuerzo, con lágrimas corriendo por sus rostros, diciendo: "Han sido ya (inserte el tiempo que quiera aquí). ¿No es ya un tiempo suficientemente largo?". La respuesta es "aparentemente no". La duración de su recuperación y la recuperación de su cónyuge no se pueden predeterminar (y casi con toda probabilidad serán tiempos diferentes).

Incluimos una línea de tiempo de recuperación generalizada en el último capítulo para ayudarle a entender algunos de los caminos normales que puede tomar la recuperación. No está diseñado para que ponga *su* recuperación en una línea de tiempo sino para ayudarle a atravesar el territorio con un poco más de entendimiento. Y es importante entender que, a medida que avanza la sanidad, la intensidad general disminuye. El trauma que experimenta inicialmente no permanecerá estático a lo largo de todo el proceso de sanidad.

La comprensión de que fuimos "totalmente sanados" llegó por sorpresa, una sorpresa que había ocurrido un tiempo antes. Compartimos nuestra historia en los grupos de Hope & Healing, y recuerdo que una noche cuando Mona estaba terminando su historia añadió: "Y puedo decirle ahora que estamos totalmente sanados". Ella no planeó decir eso porque ni siquiera se lo había dicho nunca ni a ella misma, pero cuando las palabras salieron de su boca esa noche, supo que era cierto.

Le animamos a desechar cualquier plazo de tiempo que pueda tener en su mente; lo único que hará será frustrarle y perjudicar su sanidad. Esto es un maratón, no una carrera de velocidad; un viaje con muchas curvas y virajes, a menudo cargado de reveses. Pero los reveses son temporales. Disfrute cada pequeña victoria, descanse cuando pueda, y recuerde que mientras uno de los dos aún necesite seguir trabajando, no se ha terminado. Sólo podemos animarle con el hecho de que vale la pena. Fue el viaje más difícil que hemos emprendido jamás, pero uno que ambos nos hemos alegrado inmensamente de terminar juntos.

Notas

Capítulo 1

1. Dave Carder, *Torn Asunder* (Chicago: Moody, 1995), p. 36.

2. *American Heritage Dictionary*, 4th ed., s.v. "adulterio".

3. Ibíd., s.v. "infidelidad".

4. Shirley P. Glass, PhD, *Not "Just Friends"* (New York: Free Press, 2003), p. 25.

Capítulo 3

1. *New Bible Dictionary*, Bible Companion Series software, s.v. "fe #682."

Capítulo 7

1. Glass, p. 164.

2. *The Complete Word Study Old Testament* (Chattanooga, TN: AMG, 1994), s.v. "539."

3. *The Complete Word Study New Testament* (Chattanooga, TN: AMG, 1992), s.v. "4103."

4. *Funk & Wagnalls Standard Dictionary*, International Ed., s.v. "fiel".

5. Donald R. Harvey, *Surviving Betrayal: Counseling an Adulterous Marriage* (Grand Rapids, MI: Baker, 1995), p. 201.

CAPÍTULO 8

1. Glass, p. 205.

2. Carder, p. 120.

3. Harvey, pp. 164–65.

4. Joe and Michelle Williams, *Yes, Your Marriage Can Be Saved* (Carol Stream, IL: Tyndale, 2007), p. 89.

CAPÍTULO 9

1. *Funk & Wagnalls Standard Dictionary*, International Ed., s.v. "perdón".

2. Bible Companion Series, *Vine's Lexicon*, s.v. "863."

3. Charles F. Stanley, *The Gift of Forgiveness* (Nashville: Thomas Nelson, 1991), p. 2.

4. Beth Moore, *Breaking Free* (Nashville: Lifeway, 1999), p. 104.

CAPÍTULO 10

1. Dr. Douglas E. Rosenau, *A Celebration of Sex* (Nashville: Thomas Nelson, 2002), p. 348.

2. C. S. Lewis, *The Four Loves* (Orlando: Harcourt, 1960), p. 121.

CAPÍTULO 11

1. Jerry B. Jenkins, *Hedges: Loving Your Marriage Enough to Protect It* (Brentwood, TN: Wolgemuth & Hyatt, 1989), p. 62.

2. Glass, p. 35.

CAPÍTULO 12

1. Shirley P. Glass, PhD, "Shattered Vows: Getting Beyond Betrayal", *Psychology Today*, Julio–Agosto 1998.

2. Glass, *Not "Just Friends"*, p. 31.

3. Ibíd., p. 33.

4. Marriage Quotes at Great-Inspirational-Quotes, www.great-inspirational-quotes.com/marriage-quotes.html.

Capítulo 13

1. "Fight or Flight Response: The Nerves Behind the Pain Relief", *Medical News Today*, www.medicalnewstoday.com/articles/111150.php. Carder, 117.

2. Mayo Clinic, "Grief: Coping with reminders after a loss",

3. www.mayoclinic.com/health/grief/MH00036.

Apéndice

1. Tara Parker-Pope, "Love, Sex and the Changing Landscape of Infidelity", *New York Times*, 28 de octubre, 2008.

2. Glass, *Not "Just Friends"*, p. 5.

3. Ibíd., p. 9.

4. National Center for PTSD, "What Is PTSD?" www.ptsd.va.gov/public/pages/what-is-ptsd.asp.